公益经济学导论

INTRODUCTION TO THE ECONOMICS
OF CHARITY

曾 雄 | 著

中国书籍出版社
China Book Press

图书在版编目（CIP）数据

公益经济学导论/曾雄著 . — 北京：中国书籍出
版社，2024.8. — ISBN 978－7－5241－0089－8

Ⅰ . F0

中国国家版本馆 CIP 数据核字第 20241HK411 号

公益经济学导论

曾　雄著

责任编辑	刘洁琼　王　淼
责任印制	孙马飞　马　芝
封面设计	中联华文
出版发行	中国书籍出版社
地　　址	北京市丰台区三路居路 97 号（邮编：100073）
电　　话	（010）52257143（总编室）　　（010）52257140（发行部）
电子邮箱	eo@ chinabp. com. cn
经　　销	全国新华书店
印　　刷	三河市华东印刷有限公司
开　　本	710 毫米×1000 毫米　1/16
字　　数	145 千字
印　　张	13
版　　次	2025 年 6 月第 1 版　2025 年 6 月第 1 次印刷
书　　号	ISBN 978－7－5241－0089－8
定　　价	85.00 元

荐读书评

　　本书首次创新性从经济学框架分析公益在市场中的定位、价值与发展空间，并以丰富有趣的实证案例进行解读，对于政策制定、学术研究、一线实务均具有启发意义，推荐每一位公益相关人士纳入必读之作品鉴。

　　（荐读作者简介：曾亚琳，深圳市创新企业社会责任促进中心理事兼主任、中国社会工作学会金融社会工作专业委员会理事。专注研究企业社会责任、战略慈善、公益金融。《社会金融》蓝皮书副主编，主持广州金融局委托课题"公益金融助力共同富裕"、万科基金会委托课题"公益金融助力乡村振兴模式研究"、中国农业银行委托课题"私人银行公益金融体系建设"等。）

前　　言

各位公益伙伴们，大家好！我是曾雄，来自广东佛山，我很高兴能用这本书和各位读者交流，相信愿意翻开这本书的伙伴，一定都是关注、支持或参与公益慈善事业的伙伴。《公益经济学导论》这本书是我历时 16 个月，利用每天工作之余的时间日积月累写完的。

我之所以会写这本书是因为进入公益这行十年了，发现国内参与到一线实务的公益人的研究著作不多，整个行业还未能建立起一套知识体系，而且多年来很多关于公益行业研究的书籍主要是社会学视角如何进行公益项目管理、成效评估等社会工作的理论和实务，长期给到公众认知的第一印象就是公益等于捐钱和救助。

我有幸得益于阅读过公益大咖徐永光先生、陈一丹先生、房涛女士、潘江雪女士等前辈撰写的书籍《公益向右，商业向左》《中国互联网公益》《深圳创变的深圳模式》《有效的爱》，他们都倡导要用商业赋能公益发展，公益助力商业创新。于是，我一直琢磨思考如何建构一套经济学体系，能够解决长期以来的公益行业痛点，能够让公益创造价值，而不是消耗资源，吸引更多人特别是年轻人愿意投身公益行业。经过最近两年的大量书籍和课程的理论学习和实践，特别是通过参加"鸿鹄计划"、深圳公益星火七期的"长江之源"、国际公益学院EMP17期获得的课程收获，让我更加坚持要把这本书写出来，分享给公益行业。

《公益经济学导论》这本书分七个章节，分别是第一章公益经济学核心概念，第二章公益市场供给和需求，第三章公益市场的生产要素，第四章公益市场的效率和失灵，第五章公益市场的竞争，第六章公益市场中的政府，第七章公益市场的高质量发展。虽然这本书没有严谨的学术范式，但其框架逻辑都是围绕公益市场体系建构的，时而用数学或图表论证，时而用理论或案例论证，理论专著的引用跨了经济学、心理学、管理学、社会学、营销学等多学科，但我想尽可能通过浅显易懂的表述进行分享，让各位读者有所启发。

因为我也是第一次写书，水平有限，重在发现问题有趣，分享思考开心，难免有很多不完善的地方甚至纰漏。特别是案例分析，不少案例素材是来源于公开信息梳理，可能有些提法或个人分析观点不一定符合行业主流或案主本身真实想法，但内容一定有不少创新观点和启发，也想请各位读者多多包涵。

得益于支持单位北京师范大学教育基金会的资助，该书得以顺利出版。作为国内首本慈善实务工作者以经济学视角系统建构公益市场理论的公益慈善行业书籍，希望本书能够弥补我国公益慈善研究的短板，促进公益慈善学科的发展。同时，本书一定有诸多不足的地方，需要历经时间的打磨和实践的检验才能日趋完善，恳请各位读者在实践过程中不断指正以便完善。

序　言

　　这是一位使命感强，富有实践经验，善于跨界思考，敢于创新的85后青年慈善实务工作者所写的书。

　　我与曾雄同志相识多年。他还在佛山市慈善会担任副秘书长期间，曾来我院参加培训班，我对他印象非常深刻，他对慈善事业充满激情，既能把跨界理论应用于公益实践，又能把公益实践归纳总结提炼出自己的思考和模式。曾雄有长期的慈善工作实务经验，对中国慈善行业发展趋势有较深刻的认识，特别是对大型企业实践商业向善、家族基金会投资社会企业以及慈善行业如何推动慈善人才体系建设等，有较为独到的见解。他在担任国强公益基金会副秘书长期间，参与策划实施投资孵化多家社会企业，推动多项与企业战略有关的公益项目，做了很多开创性的探索；他参与设计和促成的"鸿鹄计划"，该项目已经实施到第三期，为我国基金会行业培养了数百位基金会的秘书长和后备秘书长，在行业引起了较大反响，对我国公益慈善行业人才生态体系的改善发挥了积极作用。

　　近年来，曾雄致力于从经济学等视角研究社会工作和公益慈善事业的发展，提出了"公益经济学"的概念，用经济学的思维解释公益市场的行为，从而实现公益市场与商业市场的双向赋能发展。特别是本书所描绘的关于公益市场的供求体系的图，能够为公益领域的研究带来很多新的思考。

本书分七个章节，分别是第一章公益经济学核心概念，提出公益经济学研究的是一个社会如何利用稀缺的公益资源生产有价值的公益产品，实现公益市场上的资源有效配置的理论，也重新定义了公益市场主体是什么、生产什么、如何生产、为谁生产。

第二章公益市场供给和需求，从供给侧角度阐述了生产公益产品需要有公益创业家精神、公益劳动力、公益金融、技术、数据等生产要素组合，也从需求侧角度阐述了消费公益产品就是为了满足个人需求层次、实现家族善财传承或创新企业商业向善等不同维度的需求。

第三章公益市场的生产要素，重点阐述如何培育公益创业家精神、如何吸引公益劳动力、如何引导更多公益金融进场、技术和信息如何赋能公益等公益生产要素发挥的作用和获得路径。

第四章公益市场的效率和失灵，回应第二章的供求体系，重点讨论了公益市场的消费者剩余和生产者剩余、公益市场如何衡量效率、公益市场为什么总是失灵以及通货紧缩、通货膨胀等问题。

第五章公益市场的竞争，回应第二章的需求侧，重点总结了公益市场的竞争如何创新开发增量市场的竞争的方法论问题，包括：公益创业即把发现社会问题看作机会；商业向善即发现企业业务与社会问题的结合点；善财传承即把家族财富传承和家族慈善相结合的传承模式。

第六章公益市场中的政府，重点讨论了政府在公益市场中的角色定位，如何宏观调控公益市场和如何试点定制公益产品。

　　第七章公益市场的高质量发展，主要从行为经济学的角度出发，阐述如何利用非理性的积极力量扩大公益消费需求和设计公益产品的供给，重点以案例实践分析如何对公益产品进行营销管理。

　　虽然《公益经济学导论》这本书没有严谨的学术范式，但其框架有其逻辑自洽性。这本书对我国公益慈善事业的发展是一种大胆的理论创新尝试。我相信这一研究的深入和完善，能够弥补我国公益慈善研究的短板，促进公益慈善学科的发展。非常期待曾雄未来继续深耕这个方向，有更多更好的创新实践和理论研究的成果分享。

邓国胜

清华大学公共管理学院教授

2023 年 9 月 16 日

　　邓国胜，清华大学公共管理学院教授、博士生导师，清华大学社会创新与乡村振兴研究中心主任，清华大学 21 世纪发展研究院院长。主要从事社会组织与公益慈善、乡村振兴等研究。曾主持或参与过教育部哲学社会科学研究重大课题攻关项目"全球治理视野下我国社会组织走出去研究"、国家乡村振兴局委托课题"推动人才返乡下乡回乡政策研究"、广东国强公益基金会委托课题"我国家族慈善基金会的现状及发展趋势研究""民企参与乡村振兴的模式及其策略路径研究"等。在《中国社会科学》（英文刊）、《人口研究》、《中国研究》(The China Journal)、《China Quarterly》等 CSSCI、SSCI 收录期刊发表论文数十篇。主要论著有《非营利组织评估》，主编《公益慈善概论》教材等。

目　录
CONTENTS

第一章 公益经济学核心概念

公益经济学研究的是一个社会如何利用稀缺的公益资源生产有价值的公益产品，实现公益市场上的资源有效配置的理论。

一、为什么要构建公益经济学

党的二十大报告提出："引导、支持有意愿有能力的企业、社会组织和个人积极参与公益慈善事业。"而如何引导和支持，我们也要在社会领域改革开放，走向公益市场化的道路。

早在 2017 年，南都公益基金会名誉理事长徐永光的著作《公益向右，商业向左》出版，书中提出了"公益市场化"的观点。2021 年12 月 28 日的第一届"公益经济学"研讨会上，徐永光做出进一步阐释，他认为"任何一个行业都需要构建自己的知识体系，而公益经济学是公益知识体系的重要组成部分。公益经济学理论的构建和应用，对于中国公益回归理性、回归基本伦理、提升公益效率至关重要"。

我们长期受到公益原教旨主义影响，公益原教旨追求公益本质的纯粹性，在他们看来，公益的本质就是利他性，追求公共利益，对国家和资本保持高度警惕性。① 那么我们的大众特别是当代大学生、非公益行业的商业精英阶层都会觉得公益慈善的本质就是利他性，并不是市场行为，并不能创造经济价值，是在消耗社会资源的廉价职业。因此，无论是从个人收入发展方面，还是社会地位方面，公益行业始终处在边缘化，迫切需要公益经济学这样一套知识体系，用经济学的思维解释我们公益市场的公益慈善行为，从而赋能商业市场的发展，成为显学，如此方能引导更多人认识公益、学习公益、践行公益、传承公益。

为什么我将本书取名为公益经济学导论，主要是因为公益经济学本身是一座庞大的大厦，本书作为导论搭建一个开放的命题框架，启发和引导各位读者共同提出问题和解答问题，为公益经济学乃至公益慈善学的未来新学科大厦的建设不断添砖加瓦，培养出未来的公益经济学家，甚至能倡导更多企业或政府单位都配有公益慈善顾问，足矣。

二、为何学习公益经济学

翻开本书之际你也许会问：为什么要学习公益经济学？其实，我们都知道，在人的一生（从摇篮到坟墓）中，你我永远都无法回避无情的经济学真理。而公益经济学只是经济学的一个分支体系，但随着我国社会主要矛盾已经转化为人民日益增长的美好生活需要和不平衡不充分的发展之间的矛盾，我们党和政府在现阶段提出了要在高质量发展中促进共同富裕，相信公益作为一种新需求，将来会成为各社会阶层、各行各业都会消费的公益产品。

---

① 董强. 中国公益正在出现的若干主义［EB/OL］. 搜狐网，2017-10-08.

如果你在政府工作，懂得公益经济学，就懂得如何引导更多社会力量参与社会治理，激励他们参与公益慈善事业，提出高效可持续解决社会问题的法律政策等。

如果你在企业工作，懂得公益经济学，就懂得如何通过公益赋能商业创新，满足甚至创造消费者需求，激发企业创新，吸引人才和资本，促进政企关系，开展公益营销等。

如果你在社会组织工作，懂得公益经济学，就懂得如何按照市场化的理念和手段来提升公益项目的效率，募捐能力大大提升，执行成效更加显著。

如果你有志于创新创业，懂得公益经济学，就懂得如何参与影响力投资或创办社会企业，创造经济效益的同时实现社会效益。

如果你要传承家族财富，懂得公益经济学，就懂得如何善财传承规划，实现家族基业长青和家族精神传承。

诚然，学习公益经济学并不一定能让你成为政治家、企业家、社会活动家等，但我希望公益经济学能帮你从新的角度提出问题和解决问题，获得物质和精神双份收入，发现参与公益本身竟然是如此有趣，从而获得满满的幸福感！

三、公益经济学的定义

我们都知道经济学研究的是一个社会如何利用稀缺的资源生产有价值的商品，并将它们在不同的个体之间进行分配。[①] 然而，针对公益市场这个领域，我们也可以像经济学家一样思考稀缺与效率的问

---

① 保罗·萨缪尔森，威廉·诺德豪斯. 经济学：第 19 版：教材版 [M]. 萧琛，译. 北京：商务印书馆，2020：4.

题。以下是本书讨论的主要方面：

公益经济学研究公益市场的生产要素，包括公益创业家精神、公益劳动力、公益金融、技术和数据等；

公益经济学研究公益市场的供求体系，包括供给侧和需求侧、效率和失灵、通货紧缩和通货膨胀等；

公益经济学研究公益市场如何竞争和高质量发展，包括公益创业、商业向善、善财传承、公益营销以及运用非理性的积极力量等；

公益经济学研究公益市场中的政府如何宏观调控公益市场、试点定制公益产品等。

综上所述，我们就会发现其中存在一个共同的主题：

公益经济学研究的是一个社会如何利用稀缺的公益资源生产有价值的公益产品，实现公益市场上的资源有效配置的理论。

事实上，正是由于公益市场始终存在着公益资源稀缺性和人们追求有效解决社会问题的愿望，才使得我们要对公益经济学开始关注和构建属于公益行业的知识体系。

四、公益市场主体的经济问题

无论是个人、企业、政府还是社会组织等主体参与到公益市场，都必须面对和解决的四个经济问题：公益市场主体是什么？生产什么？如何生产？为谁生产？

下一步我们进一步仔细观察这些问题。

（一）公益市场主体是什么？

市场主体是指在市场上从事经济获得、享有权利和承担义务的个人和组织，包括投资者、企业、经营者、劳动者和消费者。

公益市场主体的投资者是以私人、企业和基金会为主体的捐赠者，类似于商业投资者。捐赠资金的募集，也对应于商业市场的公募、私募。社会组织是运营管理公益资产和项目的机构，形同于企业。社会组织的管理者、从业者与商业企业的经营者、劳动者相对应。

公益市场的消费者比商业市场的消费者复杂得多。首先，捐款人作为公益市场的重要主体，扮演着投资者和消费者的双重角色：一是投资者，捐款就是对公益市场的投资；二是消费者，并且会产生三个层次的消费。

第一层次的消费就是选择公益产品，"购买"合我意愿的公益产品。在选择捐赠项目的同时，发生了第二层次的消费，即捐赠者的"精神消费"。第三层次的消费是捐款的终端消费，公益产品的实际消费者和使用者是受益对象，是他们在实现最终的消费。

与商品市场一样，任何自愿捐赠的行为，背后都是理性的选择，存在着等价交换的关系。捐赠者、志愿者和服务的购买者是公益市场的主动消费者。受助者作为公益产品的终端消费者和无偿获取者，属于被动消费者。①

早在 1986 年，美国耶鲁大学法学院教授苏珊·罗斯·阿克曼（Susan Rose-Ackerman）编辑出版了《非盈利制度的经济学》（*The Non-profit Enterprise in Market Economics*）。其核心观点是："慈善公益事业的顾客是捐献者而非帮扶对象，即捐献者的效用满足才是慈善事业的驱动力。"既然我们承认了国家发展市场经济，那么任何行业包括公益市场和商品市场都应该遵循市场的等价交换的基本原则，充分

---

① 徐永光. 公益向右，商业向左［M］. 北京：中信出版集团，2017：27-33.

发挥市场在资源配置中的决定性作用。而商品市场的道德基础是亚当·斯密在《国富论》中的主张——人是自私的，那么我们其实不妨也可以推定个人捐赠行为都是利己的。正如浙江财经大学经济学院副院长、副教授罗俊先生的研究分析，经济学的基本假设是理性经济人假设，个人慈善捐赠行为在这个假设下可以分为三种动机类型，都是基于个人的理性选择。第一个动机是利他偏好，利他偏好中又有纯粹利他偏好，即捐赠让他人感到快乐，看到别人因"我"的捐赠产生快乐，"我"因而也会感到愉悦，因此他人的效用可以纳入我的效用函数中。另一种利他偏好动机是光热效应动机，即个人是对慈善捐赠这个行为本身感到快乐，而不在意慈善捐赠对他人产生了怎样的效果，目前有不少研究是来区分这两种利他偏好的。第二个动机是出于声誉动机偏好，捐赠者会为了追求个人声誉进行慈善捐赠，因此信息公开会激发我们对捐赠的声誉动机。第三个动机是外在因素的激励，比如物质奖励和礼物回赠，这些机制导致的慈善捐赠也是出于理性的考虑。[①]

杰出的经济学家詹姆斯·安德雷奥尼（James Andreoney）提供了一种描述捐款效用的更简洁的方式。（效用表示满足，更准确地说，效用是指消费者如何在不同的物品和服务之间进行排序。[②] 在本文中效用通常是指消费者如何在不同的公益产品之间进行排序。）他认为，所谓的无私赠予可以通过以下理论来解释：

1. 公共利益理论：假定人们支持非营利组织的原因是认识到整个

---

① 经济学家揭秘个人慈善捐赠：理性还是感性？利他还是利己？[EB/OL]. 澎湃新闻，2020-08-20.

② 保罗·萨缪尔森，威廉·诺德豪斯. 经济学：第19版：教材版 [M]. 萧琛，译. 北京：商务印书馆，2020：79.

社会都会从捐款中受益。他们是理性的，因为作为社会的一员，他们也会从捐款中受益。

2. 交换理论：假定捐款人捐款是由于他们从捐款中获取的有形回报，如成为会员以享受会员福利；或是由于某种机制而获得认可，如牌匾或进入荣誉名册。

3. 温情效应理论：一些经济学家认为，捐款带来的效用可能是心理上的，因此是完全无形的。人们捐款是因为他们捐款后能获得自我满足，让自己感觉更好。[①]

因此，公益经济学的公益市场主体的基本假设是经济人假设，可以推定公益慈善行为都是利己的假设，但并非都理性，存在非理性的行为但是可预测和引导。

（二）生产什么？

公益市场必须决定，在诸多可能的社会问题中，以此生产出的公益产品是什么，生产多少，何时生产，如何定价。例如，四十年前我们国家百废待兴生产"希望工程"项目即建设希望小学这类公益产品在当时的公益市场上是非常有需求的，如果那时有人提出要生产流浪动物保护这类公益产品，人们是否会去选择这类公益产品？

（三）如何生产？

公益市场必须决定谁来生产，使用何种资源，以及采用何种技术、模式。例如，同样是要生产教育公益领域的公益产品，个人、企业以

---

① 阿德里安·萨金特，尚悦. 慈善筹款原理与实践［M］. 桂林：广西师范大学出版社，2021：79.

及基金会等都有参与生产,主要采用设立助学金、硬件支持、图书捐赠、支教志愿服务等方式,到底谁来生产的效率最高?

(四) 为谁生产?

谁来成为公益市场的消费者、投资者?公益产品是否可以作为等价交换的商品?例如,高校特别是很多名校生产出甚至定制出很多实验室冠名或楼宇冠名等公益产品,特别容易受到知名校友参与消费和投资,能交换回来什么?

五、公益市场的投入和产出

要回答以上几个经济问题,公益市场必须要就资源的投入和产出做出选择。

投入又称生产要素,传统经济学将它们划分成三个基本范畴:土地、劳动力和资本。而在我看来,针对公益市场的生产要素可以划分成公益创业家精神、公益劳动力、公益金融、技术和数据。

(一) 公益创业家精神

在说明公益创业家精神之前,我们先解释什么是公益创业。"公益创业"和"社会企业"这两个词经常被交替使用,容易造成混淆。此处我们遵循奇尔哈特和比勒菲尔德的主张来界定公益创业,即借助创新、创造产品、组织以及实践生产和维持社会效益等来追求社会目标。[①]

---

① 郭超,沃尔夫冈·比勒菲尔德. 公益创业 [M]. 上海:上海财经大学出版社,2017:9-11.

在传统经济学的研究框架中，"企业家和企业家精神"往往是"消失的"，但在实践中，企业家精神发挥着非比寻常的作用，所以企业家群体应该在现代经济学范畴中被视为关键研究对象和核心变量。① 正如，德鲁克在其《非营利组织管理》中提出："为了系统提高一个机构的生产力，必须对生产的每个要素都制定相应的战略，而人总是第一要素。"② 而无论社会组织的发起人还是社会企业的创始人、践行企业社会责任的企业家或者政府部门的公共管理者，他们对社会公益愿景的实现，都有各自独特的能力禀赋和战略远见，但在交流中他们也有共同特质：他们拥有比大多数人更加强大的内心世界，勇敢追求对不确定性的挑战；他们能够大幅度提高或整合各界资源的产出，创造新的产品和服务，开拓新市场的同时解决社会问题；他们希望在改变自我的同时，改变世界。总的来说，一位公益创业家具有商业和社会双重使命，并通过这种使命来变革制度运行的方式。公益创业家包括平衡判断、机会主义、善良正直、忍耐风险等共同的行为类型③，也包括创新性、机会识别、问题解决能力、资源利用能力、承担风险等内涵，还包括保障社会使命不发生漂移的治理结构、利润分配模式、身份认同等内容。④ 因此，公益创业家精神是公益市场中最重要的生产要素。

（二）公益劳动力

公益劳动力是负责执行生产公益产品的专职或兼职的人员，分为

---

① 张磊. 价值 [M]. 杭州：浙江教育出版社，2020：217-218.
② 彼得·德鲁克. 非营利组织管理 [M]. 北京：机械工业出版社，2021：62.
③ 郭超，沃尔夫冈·比勒菲尔德. 公益创业 [M]. 上海：上海财经大学出版社，2017：12.
④ 毛基业，赵萌，等. 社会企业家精神 [M]. 北京：中国人民大学出版社，2018：7.

两类，第一类是公益行业从业者即专职工作人员，另一类是社会组织的不授薪的志愿者。然而，在公益劳动力市场，公益行业从业者薪酬水平明显偏低，公益市场发展基础薄弱和社会对公益行业从业者的道德绑架是造成这一结果的主要原因。来自公益行业内部的障碍也不可低估，一些社会组织的领导人在追求个人理想的同时，把自己的员工也变成了穷人。优秀人才短缺已经成为制约中国公益事业发展的最大瓶颈。[①] 另外，我们的社会组织为什么会有那么多注册的僵尸志愿者也是值得我们反思的。因此，公益劳动力作为公益市场中的生产要素，其数量盘活和质量培育关系到公益市场的长远发展。

（三）公益金融

公益金融，或称社会影响力金融，是一种同时追求财务回报和社会价值的资本配置活动。公益金融涵盖面非常广泛，公益理财、公益创投、社会影响力债券（项目）、影响力投资基金、慈善信托、社会影响力保险、捐赠者建议基金等都是公益金融的具体形式。根据财务回报和社会价值双目标，我们构建了一个公益金融类型谱系图（见图1-1和图1-2），借助这个谱系图可以在与其他类型金融的区分中理解社会影响力金融的含义。[②] 虽然近些年来公益金融开始探索起步，但其发展已初见成效。因此，公益金融作为公益市场中的生产要素，其发展必然推动公益市场从线性发展向指数发展跨越。

[①] 徐永光. 公益向右，商业向左 [M]. 北京：中信出版集团，2017：27-33.
[②] 李国武，李忠东，房涛，等. 社会影响力金融研究报告：No.1 [M]. 北京：社会科学文献出版社，2021：3-6.

财务回报

影响力投资

市场化回报 传统投资 责任投资 可持续投资 财务优先

低于市场回报 影响力优先

0% 创投慈善

负回报 传统慈善

影响力

有影响力目标　价值取向"不作恶"　价值取向可持续趋势　影响力目标是关键

影响力不可衡量/已衡量　影响力可衡量/已衡量

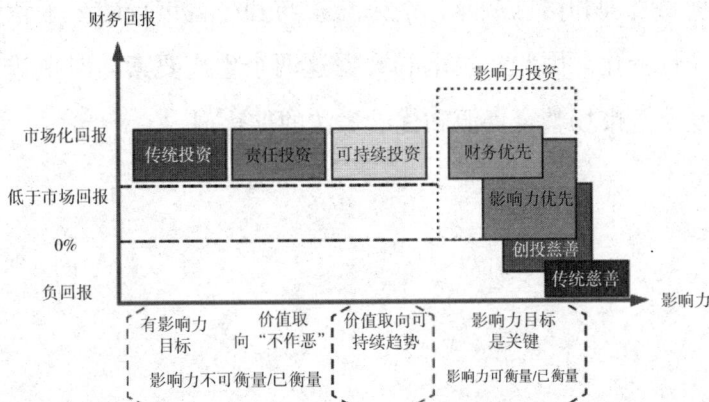

图 1-1　影响力投资和相关术语①

传统投资	责任投资	可持续投资	影响力投资		创投慈善	传统慈善
			财务优先	影响力优先		
投资的唯一目标是获取财务回报	排除某类型的投资（武器、烟草、酒精等）	投资于ESG先锋以及可持续行业（水资源、节能）；从事ESG事业	创造可衡量的影响力和财务回报双重目标的投资		通过拨款和投资来做好各种社会目的的组织	向社会目的组织提供以拨款为主要方式的资金
无影响力目标	出于道德或财务的原因，专注于ESG领域的风险	专注于ESG领域的风险/机遇	专注于由社会/环境的问题/需求带来的迫切的商业机会（无须妥协）	专注于能有效解决社会/环境问题、提供正向财务回报的市场化解决方案（可能需要接受更高的风险）	通过风险资本策略来提升这些组织的影响力（愿意放弃重大的财务回报）	专注于没有市场化解决方案的领域或者发展阶段需要完全放弃财务回报

市场收益　　低于市场收益　资本损失

ESG风险管理（商业向善）

积极、可衡量的影响力

资料来源：根据桥梁风险投资公司（Bridges Ventures）的数据改编。

图 1-2　投资分类方式②

（四）技术和数据

"互联网+公益"使公益组织对技术市场和数据市场的依赖同步提升。移动互联网、人工智能、大数据、区块链推动公益传播、筹款；

---

① 尤利娅·巴兰迪·纳雅基耶. 影响力投资［M］. 北京：中信出版集团，2020：7-12.

② 尤利娅·巴兰迪·纳雅基耶. 影响力投资［M］. 北京：中信出版集团，2020：7-13.

资金、项目管理和信息披露，给公众参与和公益市场的公平竞争带来的是革命性变化。因此，技术和数据这两个生产要素与时俱进，尤为关键，是公益市场整合资源和优胜劣汰的催化剂。①

---

① 徐永光．公益向右，商业向左［M］．北京：中信出版集团，2017：33-34.

第二章　公益市场供给和需求

供给：生产公益产品＝公益创业家精神+公益劳动力+公益金融+技术+数据

需求：消费公益产品＝满足个人需求层次+实现家族善财传承+创新企业商业向善

公益市场体系依赖于供给和需求以解决四个经济问题，我们尝试用经济学术语解释整个公益市场中的所有公益行为。

一、公益市场的供求体系

从传统的公益慈善角度看，供给方就是捐赠者，需求方就是受益对象，传统慈善捐赠资源稀缺不可能满足所有的受益对象，前者有限，后者无限，那么公益市场的供给和需求必然是失衡的，是无法循环可持续发展的体系。但如果从公益经济学的角度看，捐赠者才是主动消费的需求方，受益对象虽然是被动消费但也是可以付费、付劳动力、付数据或未来付出等，从而成为供给方。那么，我们公益市场的供求体系就能循环地生产和消费公益产品（如图2-1）。

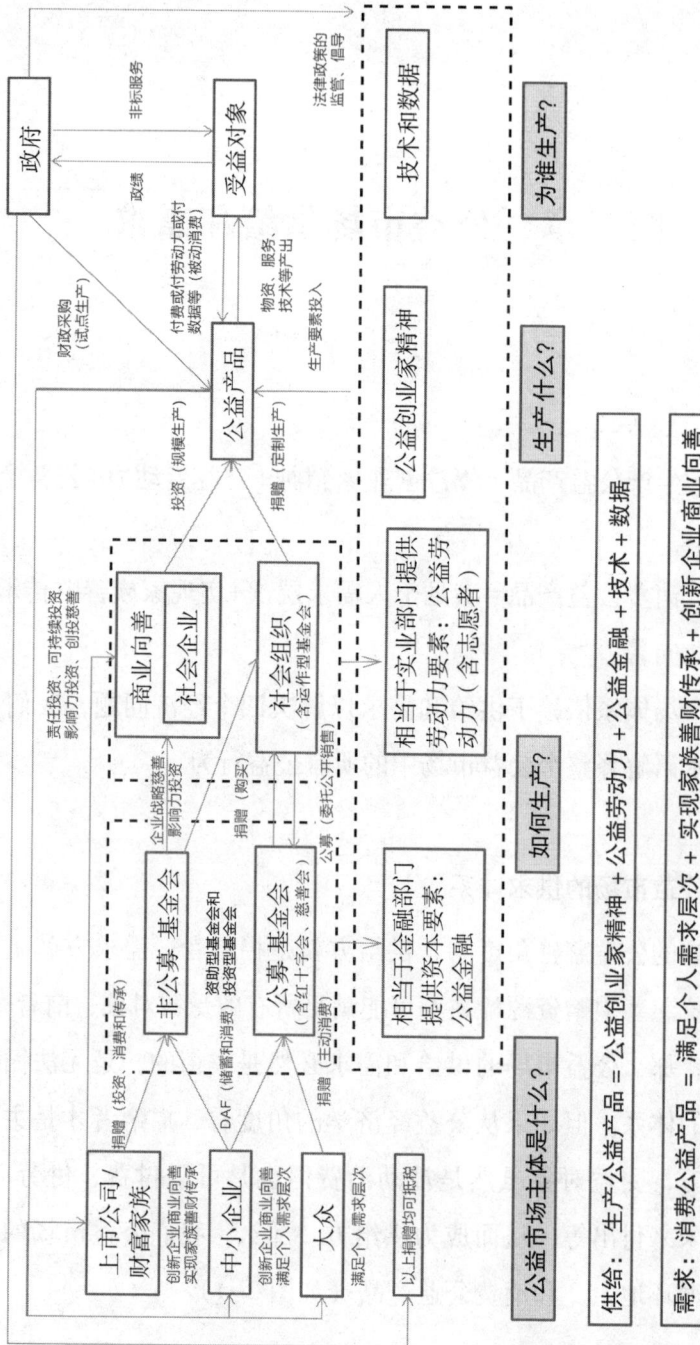

图2-1 公益市场的供求体系

供给：生产公益产品 = 公益创业精神 + 公益劳动力 + 公益金融 + 技术 + 数据

需求：消费公益产品 = 满足个人需求层次 + 实现家族善财传承 + 创新企业商业向善

我们可以看到公益市场的循环，也是符合市场经济的等价交换等市场基本原则的。正如徐永光先生所说，"公益经济学解决的就是如何有效使用稀缺的公益资源的问题。我们不要认为情怀和道德高于一切，从而背离市场化的效益、效率，还有等价交换原则。公益投入成本和产出效益应该是等价的，更可能是超值回报的，这个基本原则跟市场的交易原则并无二致。"①

（一）公益市场需求侧

公益市场主体从需求侧看，首先是公益市场的捐赠者就是主动消费者，包括政府、上市公司或财富家族、中小企业或中产家庭、大众等，采取参与公益的路径主要有四类（如图2-2）。

	冠名慈善基金	公益基金会	慈善信托	影响力投资基金
设立起点	50万以上	200万以上	1万以上	1000万以上
监管主体	公募基金会、民政	民政	银监、民政	证监等金融相关部门
收益性	非营利	非营利	非营利	非营利与营利相结合
法人主体	否	是	否	是
资产隔离	是	是	是	视情况定
冠名权	有	有	有	视情况定
灵活性	高	中	高	低
决策机构	管理委员会	理事会	委托人/决策委员会	投资决策委员会
法律完善性	较完善	较完善	较完善	待完善
接收来源	现金、实物等	股权、不动产、现金均可	现金、实物均可，股权待法律突破	现金
设立时间	1周以上	3个月以上	1~2个月	1~2个月
税收优惠	是	是	是	暂无，有其他政策支持
四种路径可混合叠加运用				

图2-2　四种公益路径区别②

① "基金会行业40年人物系列专访"徐永光：中生代的强大，代表中国公益的未来[EB/OL]. 百度，2021-11-16.
② 引自：深圳市慈善会房涛副会长于2021年10月26日的课件《关于共同富裕与三次分配的深圳解读和探索》。

　　大众的选择主要是对接捐赠公益基金会，除了抵税功能，还可以自主挑选和主动消费自己认为性价比高的公益产品，不仅是单向度的付费，更多是能满足个人的需求层次，例如社交需求（归属与爱的需要）、尊重需求和自我实现需求等，提高个人的心理账户的收入。

　　中小企业的捐赠一般最优选择可以采取捐赠者建议基金（Donor-Advised Fund，简称 DAF），也称冠名慈善基金，设立门槛较设立基金会低，按不同的基金会标准定。采取 DAF 的路径类似于在银行开设了公益账户，可以进行系统有效的资金投向规划的制度性安排，从容地应对因政府公共关系、家乡、学校、亲朋等多元社会关系产生的公益需求，既能满足企业家个人的需求层次，又承担企业社会责任，不仅实现抵税和主动消费功能，也实现储蓄功能，获得社会资本的积累。

　　上市公司或财富家族的捐赠可以有更多的路径选择，一般最优选择可以采取成立非公募基金会，除了抵税功能，对于上市公司而言，可以统一作为承担企业社会责任的平台，主要服务于企业公益品牌项目的开发与传播，更重要的是还能实现投资功能，例如商业向善、影响力投资等，聚焦核心产业相关社会议题进行研发创新或关联服务，在提升社会效益的同时，创新客户与伙伴关系、关键业务、核心资源、价值主张、渠道通路、细分市场等，提升企业的核心竞争力和经济效益，实现可持续发展。对于财富家族而言，财富家族创始人可以综合多种传承工具搭建架构，可以在传人、传财、传业、传文、传社等方面培养子孙后代家族成员，传承核心家族慈善精神，增强家族向心力，实现家族善财传承功能。家族善财传承是指把家族财富传承和家族慈善相结合的传承模式。

　　还有，受益对象也是需求侧的被动消费者，虽然是被动消费，但也是可以付费、付劳动力、付数据或未来付出等，从而成为供给侧的生产要素。

最后，政府既是需求侧的主动消费者，也是供给侧的对生产要素的调控者，后文会进一步展开阐述。

（二）公益市场供给侧

公益市场主体从供给侧看，以上的主动消费者和公募基金会、非公募基金会（即资助型基金会、投资型基金会）相当于金融部门提供资本要素：公益金融。社会企业和社会组织（含运作型基金会）相当于实体部门提供劳动力要素：公益劳动力（含志愿者）。再加上公益创业家精神、技术和数据这些生产要素，就可以规模生产或定制生产出公益产品，对受益对象提供物资、服务、技术等产出。

综上所述，可以总结出以下两条表达式：

供给：生产公益产品＝公益创业家精神＋公益劳动力＋公益金融＋技术＋数据

需求：消费公益产品＝满足个人需求层次＋实现家族善财传承＋创新企业商业向善

二、为何大众会主动消费公益产品：金钱账户和心理账户

消费者的最大消费满足或效用主要取决于他的货币收入的消费使用，而不单纯取决于他的货币收入。"社会收入"是个人的自身收入（个人的报酬等）同其他人的有关特征（社会环境）对他的货币价值之和，借助于社会收入，分析不同收入来源于包括社会环境"价格"

在内的不同价格变化对支出的影响。[①] 也就是说社会收入对于我们每个人来说就是有两个账户收入，一个是金钱账户收入（包括劳动报酬、商品交换所得、投资分红收入等），另一个是心理账户收入满足个人需求层次（包括情感归属、受到尊重、自我实现等），即以下表达式：

社会收入＝金钱账户收入＋心理账户收入

举例，假定 A 同学每个月有固定的工资即金钱账户收入 M，然后把这部分货币收入计划分成两部分使用 $M=M_1+M_2$，M_1 用于消费正常市场的商品，金钱账户 M_1 产生的效用是 U_1，M_2 用于消费公益市场的公益产品，金钱账户 M_2 产生的消费效用是 U_2（假定慈善捐赠即负值），慈善捐赠后心理账户产生的消费效用是 U_3，所以 A 同学的这部分货币收入 M 的使用对他产生的总效用 U_A 为：

$U_A=U_1-U_2+U_3$（其中，U_2 是负效用即负值）

另外，A 同学也可以不去消费公益市场的公益产品，而把货币收入全部用于自我消费正常市场的商品，则其总效用 U_B 即 $U_B=U_4$，两者进行比较，我们得到：

只要 $U_A-U_B=U_1-U_2+U_3-U_4=（U_1-U_4）+（U_3-U_2）\geq0$ 即 $U_A\geq U_B$，也就是 A 同学消费公益市场的公益产品的总效用没有减少，或者减少极其微小，可以忽略不计，甚至是增加的，那么就非常愿意主动消费。

后面的问题就是如何考量上面的效用水平 U_1、U_2、U_3、U_4。消费者通过支付自己的货币收入而消费商品或公益产品的效用满足以下规律：

（一）边际效用递减规律

边际效用递减规律：当某物品的消费量增加时，该物品的边际效

---

① 加里·S. 贝克尔. 人类行为的经济分析 ［M］. 上海：上海三联书店，1992：299.

用趋于递减。① 每多消耗一个单位的商品，所能带来的新增的享受在递减。例如，我们在吃东西的时候，食物带给我们的边际效用，通常都是递减。②

（二）马斯洛需求层次理论

马斯洛需求层次理论是由美国心理学家马斯洛在《人类动机理论》中所提出的理论。书中将人类需求像阶梯一样从低到高按层次分为五种需要系统，分别是：生理需求、安全需求、社交需求（归属与爱的需要）、尊重需求和自我实现需求。

（三）如何提升社会收入

个人消费者对同类商品消费的边际效用递减，同时消费者的消费需求满足递增性，但随着消费者的货币收入的提高，支付能力也会同步提高，就会不断提高他的消费需要。所以，当 A 同学的货币收入 M 提高，同时不断对同类商品消费，则 $U_1 \approx U_4$ 即 $U_1 - U_4 \approx 0$。那么，$U_A - U_B = (U_1 - U_4) + (U_3 - U_2) = U_3 - U_2 \geqslant 0$ 即 $U_3 \geqslant U_2$。根据以上规律，我们可以分情况讨论，也可以启发我们如何设计公益产品：

1. 若 U_2 为负值，当 A 同学在计划消费公益市场的公益产品时的消费预期是其精神需求满足可以使得心理账户的收入很大程度上提高，远大于金钱账户的支出。例如，支持免费午餐等优秀的公益项目，每天互联网上捐赠 4 元，为贫困学童提供免费午餐。若 A 同学心理账

---

① 保罗·萨缪尔森，威廉·诺德豪斯. 经济学：第 19 版：教材版 [M]. 萧琛，译. 北京：商务印书馆，2020：79.

② 薛兆丰. 薛兆丰经济学讲义 [M]. 北京：中信出版集团，2018：112.

户的收入大于 4 元，则会在互联网上有进行慈善捐赠的消费预期，反之则反。

启示：公益产品是弹性需求的商品，如何通过公益市场的不同生产要素包括互联网技术、信息透明及时反馈等进行重混（现代技术是早期原始技术经过重新安排和混合而成的合成品。[①]）而生产出心理账户收入高且金钱账户支出低即高性价比公益产品，从而满足消费者需求的消费预期，进行慈善捐赠。

2. 若 U_2 为 0，当 A 同学计划消费公益市场的公益产品时的消费预期是其精神需求满足可以使得心理账户的收入有所提高，但金钱账户不需要支出或支出用于自我消费正常市场的商品。例如，支持雅诗兰黛倡导的"粉红丝带乳腺癌防治运动"等商业向善项目，通过个人消费，商家捐赠部分收益的行善方式可持续支持公益。A 同学如果本身就需要消费美妆产品，本身就对正常市场这个品牌商品有消费预期，那么不妨间接支持慈善捐赠，同时也满足其精神需求。

启示：正常市场的商品相对纯公益产品更具有刚性需求，我们可以鼓励更多商业向善的公益产品生产出来。商业向善是指商业企业致力于解决社会和环境问题，开发与主营业务或服务相关联的项目，在取得创新性的社会和环境影响力的同时，为公司创造财务和商业回报。

3. 若 U_2 为正值，当 A 同学计划消费公益市场的公益产品时的消费预期不仅是其精神需求满足可以使得心理账户的收入有所提高，而且使得金钱账户的收入也一并提高。例如，深圳市慈善会联合中国建设银行的公益理财产品"乾元-爱心捐赠"，已成功发行了 22 期，累

[①] 凯文·凯利. 必然 [M]. 周峰，董理，金阳，译. 北京：电子工业出版社，2016：223.

计发行金额 89 亿元, 已实现捐赠善款 703 万元, 参与近 3 万人次。[①]
产品特点: 公募理财, 面向公众公开发行, 10 万元起点, 本金保留, 收益捐赠, 子女可获得"寻找追光少年"活动优先参与名额, 并可获得由深圳市慈善会颁发的青少年公益实践证书。A 同学的消费预期会大大提高, 可能会积极消费这款集理财、慈善、教育、节税的公益产品, 实现金钱账户和心理账户的双提升。

启示: 随着公益金融生产要素创新投入公益市场, 对公益产品规模化发展的生产效率提升不再局限于线性增长, 而是可以实现指数级增长。

综上所述, 社会收入是由金钱账户和心理账户收入共同构成。我们传统观念一般会认为主动消费公益产品, 必然是支出金钱账户来换取心理账户收入提高, 很可能会入不敷出, 导致社会收入减少, 但是实际上通过现代互联网技术、公益金融、商业向善等生产要素的创新投入进行重混而生产出的公益产品是可以让大众低门槛甚至零门槛消费得起和乐于重复消费的, 是可以通过不断实现金钱账户和心理账户的双提升从而促进社会收入提升的。

三、企业如何选择公益产品模式及其消费规模

美国学者 Fay、Keim 和 Meiners 指出, 企业将慈善捐赠作为一种营销工具去提高其形象和曝光度进而增加销售、获取利益, 是大多数企业进行慈善捐赠的重要原动力。[②] 因此, 我们假设, 企业持理性态度

---

① 李国武, 李忠东, 房涛, 等. 社会影响力金融研究报告: No.1 [M]. 北京: 社会科学文献出版社, 2021: 206-207.

② 李领臣. 公司慈善捐赠的利益平衡 [J]. 法学, 2007 (4): 89-96.

进行主动消费公益产品即包括慈善捐赠、商业向善等方式参与公益。

（一）公益产品的不同模式

我们可以认为企业都是理性致力于以较少的"善成本"获取较高的"善收益"，实现"善利润"最大化，即真正创造价值。

"善成本"=投入公益生产要素+运营成本

"善收益"=创造公益金融资本或有形资本+人力资本+社会资本+自然资本

"善利润"=善收益-善成本

基于以上假设，我们可以得出企业选择消费公益产品行为的不同模式。如果消费公益产品善成本从低到高为维度定义横坐标，以获得公益产品带来的善收益从低到高为维度定义纵坐标，可以画出图2-3分类：

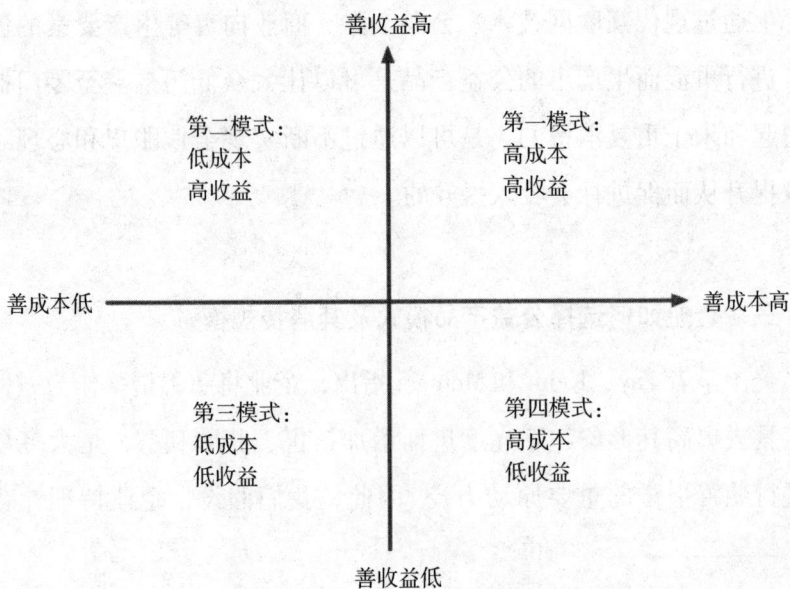

图 2-3　公益产品的四种模式

第一模式："高成本，高收益"。虽然获得了高收益，但是同样付出了高成本，显然没有使企业选择消费公益产品行为实现"善利润"最大化，只能创造"薄价值"。所谓"薄价值"是过度供给之恶和低效生产之善在真实世界的反映，具体表现为三个特征：薄价值是人为的，通常以对普通民众、社区和社会的伤害为代价换得；薄价值是不可持续的，今天"创造"出的价值就是明天牺牲掉的价值；薄价值是没有意义的，因为它不能使普通民众、社区和社会长久地享受对他们最为重要的福利。[①]

第二模式："低成本，高收益"。投入低成本获得了高收益，根据理性选择理论，该模式是企业参与公益的最佳模式，它基本达到了"帕累托最优"。此时，企业消费这类公益产品性价比很高，不仅创造账面价值、商业价值及股东价值，而且使企业也获得了不同维度的收益回馈，包括人力资本、社会资本和自然资本，例如，对客户等利益相关者产生积极的影响，包括身体健康、社交丰富、经济富足、精神愉悦等，真正为社会创造"厚价值"即"善利润"最大化，达到最优平衡状态。

第三模式："低成本，低收益"。达到了成本收益相对平衡的状态。大多数企业会采用这种模式，主要是这些企业没有企业社会责任部、企业基金会等这类部门或这类专业人才专门负责系统性规划企业战略慈善业务。企业进行慈善捐赠等公益行为都是一时兴起、毫无规划、被动应付，完全没有认真进行 SWOT 分析，一方面没有发现和弥补自身商业模式产生的负外部性，另一方面没有选择最有利于发挥企

---

① 乌麦尔·哈克. 新商业文明：从利润到价值 [M]. 吕莉，译. 北京：中国人民大学出版社，2016：18-19.

业的核心优势，开发或支持与主营业务或服务相关联的公益产品等，因此，这类企业通常把商业利润直接平移作为公益产品消费支出所实现的"善利润"也是很低的，只能创造"薄价值"，或者厚此薄彼即重公益价值轻商业价值。

第四模式："高成本，低收益"。投入了很高的成本，收效甚小，这是企业用赌博式或不科学方式参与公益的模式，这类企业通常一边进行传统的大额捐赠行为取信利益相关者，一边继续做不道德或产生负外部性的商业行为，所带来的收益可能短期内能弥补对慈善捐赠的投入成本，但从长远来看，不仅是创造"薄价值"甚至是"负价值"，还制造出其他新的社会问题或增加企业风险，所消费的公益产品最终要追加更高的隐性的投入成本，获得的"善利润"是负的。

综上所述，我们可以看出企业选择消费"低成本，高收益"模式的公益产品行为是企业的最优选择。"高成本，高收益"模式向"低成本，高收益"模式转变，可以通过优化设计公益产品，增加公益金融、技术等要素重混，降低边际成本来达到。"低成本，低收益"模式转向"低成本，高收益"模式可以通过增设企业社会责任部门或培养公益专业人才专兼职方式参与企业战略慈善规划，提高公益产品的边际效益来实现。最后针对"高成本，低收益"模式，企业应该做好相关的成本收益评估分析，系统复盘自身的商业模式，尽快调整或者直接淘汰该类公益产品。

（二）公益产品的消费效用曲线模型

1. 传统慈善捐赠的纯公益产品。假设企业只消费利润和慈善捐赠两种产品。如图 2-4 所示：当企业只消费利润时，纵轴即为预算约束线，此时 U_0 为效用曲线，E_0 为消费均衡点，当企业不仅消费利润还消费慈善捐赠时，预算约束线摆至 LM，E_A 为消费均衡点，此时企业的效用曲线为 U_A，显然，$U_0 < U_A$。当企业继续增加慈善捐赠，假设慈善捐赠是自愿，综合企业各方面因素考虑，那么企业的效用水平仍然维持在 U_A 上。也就是说，企业虽然减少利润的消费降低了其效用满足感，但增加慈善捐赠的行为却等量地提高了它的效用，所以企业的境况并没有改变，消费均衡移动到了 E'_A，预算约束线变为 PQ，其效用水平仍然为 U_A。如果企业继续扩大慈善捐赠的规模，预算约束线将逐渐偏向横轴，一个极端的情形就是企业只消费慈善捐赠，预算约束线即为横轴，此时，E_1 为消费均衡点，U_1 为效用曲线，显然有，$U_1 < U_A$。

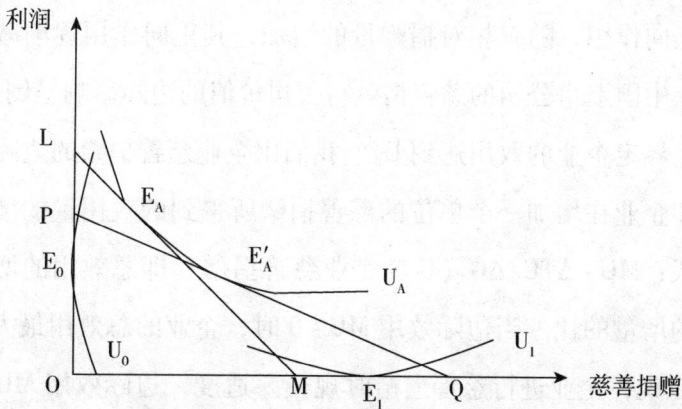

图 2-4 企业慈善捐赠的规模与利润①

---

① 袁卉姝. 我国企业慈善捐赠行为的经济学分析 [D]. 长沙：湖南师范大学，2010：47-48.

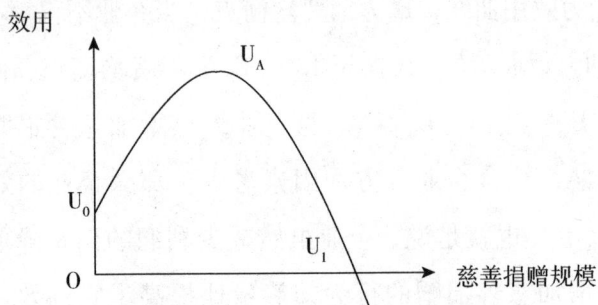

图 2-5　企业慈善捐赠的适度规模①

即 $U_1 < U_0 < U_A$，随着企业慈善捐赠规模的增大，企业的效用是呈先上升后下降的变化趋势。如图 2-5 所以企业进行慈善捐赠最适合的规模是当效用达到 U_A 时。另外，从实证角度分析，目前中国在 2010—2019 年连续进行慈善捐款的上市公司，其慈善相对捐赠量对公司的价值具有正向作用，随着相对捐赠量的增加，其正向作用逐渐减弱，直至为负，中国上市公司的慈善捐款与公司价值的边际影响呈倒 U 型。②

怎么界定企业的效用达到 U_A？我们用企业慈善捐赠的边际效用来衡量，即企业在增加一个单位的慈善捐赠所得到的效用量的增量，数学表达式：$MU = \Delta TU / \Delta G$（G 为企业慈善捐赠）即总效用的增量与慈善投入的增量的比。当边际效用 $MU = 0$ 时，企业的总效用最大，达到 U_A。所以说，企业进行慈善捐赠时规模要适度，边际效用 $MU = 0$ 时，是企业最合适的慈善捐赠规模。③

---

① 袁卉姝. 我国企业慈善捐赠行为的经济学分析 [D]. 长沙：湖南师范大学，2010：47-48.

② 刘笑. 上市公司慈善捐款对公司价值影响研究：基于面板门限模型 [D]. 郑州：河南财经政法大学，2021：36.

③ 袁卉姝. 我国企业慈善捐赠行为的经济学分析 [D]. 长沙：湖南师范大学，2010：47-48.

2. 商业向善的公益产品。

商业向善（也称企业社会责任 CSR）是指商业企业致力于解决社会和环境问题，开发与主营业务或服务相关联的项目，在取得创新性的社会和环境影响力的同时，为公司创造财务和商业回报。企业的这种商业行为就是商业向善，以企业核心优势关联度为维度定义横坐标，以社会议题支撑度为维度定义纵坐标，其发展框架可参考图 2-6。

企业社会责任衡量框架

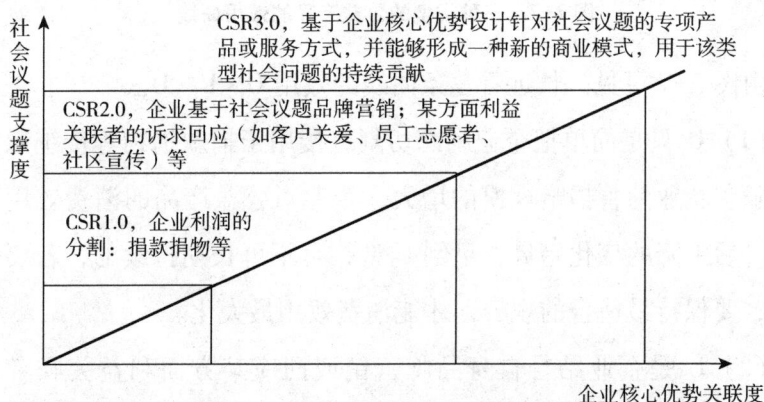

图 2-6　企业社会责任衡量框架①

假设企业只消费利润和公益产品这两种产品，该公益产品由图 2-6 可得共三种类型，分别是 CSR1.0、CSR2.0、CSR3.0，我们同样用 U_1、U_2、U_3 分别对应企业消费以上三种类型的公益产品的效用曲线。以公益产品价格为维度定义横坐标，以消费效用为维度定义纵坐标，不同公益产品的三条消费效用曲线模型可参考图 2-7。

_____

① 引自：深圳市创新企业社会责任促进中心曾亚琳主任于 2021 年 10 月 23 日的课件《公益金融创新案例》。

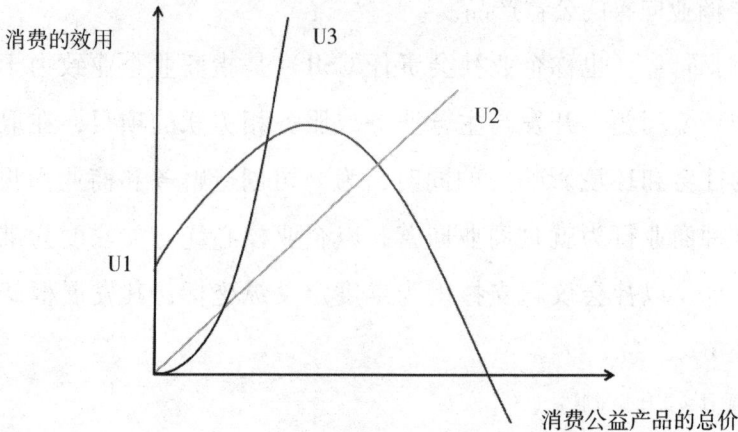

图 2-7　三种类型的公益产品的效用曲线

由图 2-7 可见，长远看三条曲线的效用 $U_1 < U_2 < U_3$。

（1）U_1 只是简单把企业利润切割直接用于捐款捐物等传统慈善捐赠，随着企业慈善捐赠规模的增大，企业对公益产品的消费效用是呈先上升后下降的变化趋势，呈倒 U 型，是不可长期持续的，若要长期持续，要保持最适合的规模，才能消费效用最大化。

（2）U_2 是企业结合自身品牌营销或回应某方面利益关联者的诉求，通过资金捐赠、社区志愿服务等方式对等进行回应从而获得对等的收益。所以企业对公益产品的消费效用随着消费总价上升也会共同上升，呈线性增长正相关。

（3）U_3 是基于企业核心优势设计针对社会议题的专项产品或服务方式，并能够形成一种公益赋能商业的新商业模式，例如创新客户与伙伴关系、创新关键业务、创新核心资源、创新价值主张、创新渠道通路、创新细分市场等，持续解决该类社会问题。所以企业对公益产品的消费效用因为公益赋能商业获得了模式创新和价值创造，同步促进了经济效益和社会效益的高速和可持续发展，呈指数级增长正相关。

四、稀缺的公益资源

（一）为何要区别对待捐赠者：歧视不可避免

公益市场中的公益资源总是特别稀缺的，同样贡献公益资源，愿意出资消费公益产品的捐赠者也总是稀缺的，慈善组织接受捐赠后，利用自身有限资源回馈和服务捐赠者的时候，就不得不对资源进行选择，而每当要做出选择时，都必须采取某种选择的标准，例如忠诚度之梯、捐款人金字塔模型（如图2-8），一旦以这个模型确立了选择标准，就意味着存在区别对待捐赠者的现象，而区别对待捐赠者就不可避免，歧视也就不可避免。

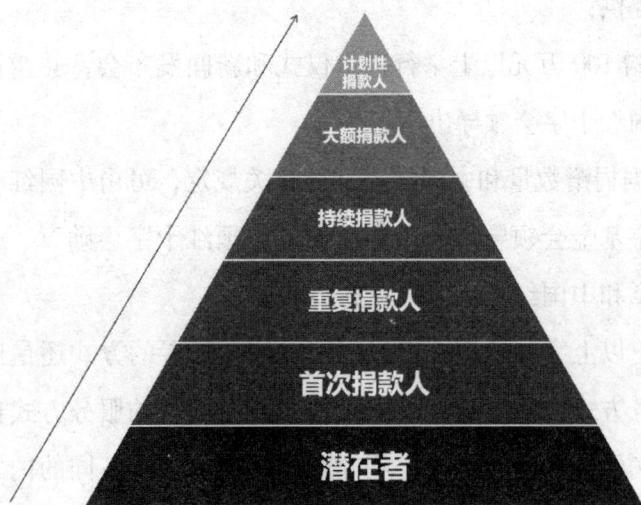

图 2-8　捐款人金字塔模型

如图2-8所示，我们经常使用"金字塔"来描述捐款人发展的过程。"忠诚度之梯"是由拉斐尔（Raphel）和康西丁（Considine）提出的。捐款人发展金字塔也非常引人注目，因为它与捐款金字塔相互对应，即多数小额捐赠和少数大额捐赠——可以说，80%~90%的捐款额通常来自10%~20%的捐款人。① 所以，针对不同层级的现有捐款人应提供不同的服务，其实这点可以借鉴很多商业机构的会员分级管理服务，而我们有很多慈善组织已经有这类差异化服务，区别对待捐赠者。例如，企业向中国红十字基金会捐赠，除了享受国家规定的税收优惠外，还有以下的捐赠回报方式：

1. 按照慈善捐赠的数额多少可冠以捐赠企业名称；

2. 捐赠1万元以上，由中国红十字基金会颁发捐赠证书；

3. 捐赠10万元以上，由中国红十字基金会颁发捐赠纪念牌；

4. 捐赠20万元以上可以安排捐赠仪式和新闻发布会，费用由捐赠方另行提供；

5. 捐赠100万元以上举行捐赠仪式和新闻发布会，并邀请国家领导人及中国红十字会领导出席；

6. 依据捐赠数量和中国红十字会相关规定，可由中国红十字会或中国红十字基金会领导为捐赠企业颁发中国红十字会勋章、中国红十字博爱奖章和中国红十字人道服务奖章等。

但是，以上官办的慈善组织区别对待捐赠者的方式还是比较传统捐赠的服务方式，我们慈善组织区别对待捐赠者的服务方式也是有必要跟上市场经济的发展脚步。不同的经济时代，有不同的内容。按照经济学原理，市场经济总共经历了四个时代：前产品经济时代、后产

---

① 阿德里安·萨金特，尚悦. 慈善筹款原理与实践［M］. 桂林：广西师范大学出版社，2021：373.

品经济时代、服务经济时代和体验经济时代。到了体验经济时代，体验是一种高额的产品，是可以用来销售的。① 这个道理同样适用于公益市场的公益产品。慈善组织不仅要提供开具税前扣除的公益捐赠票据、公开每个信息披露等标准化服务，更要提供个性化定制的回馈体验服务，但这些服务都是需要成本的，而每个慈善组织管理费用是受限的，前文已提及不得超过当年总支出的 10%，那就更加资源稀缺，既然 80%~90% 的捐赠额通常来自 10%~20% 的捐赠者，那我们就更加需要匹配 80%~90% 资源来专门对待 10%~20% 的捐赠者，剩下的资源用于对待其他捐赠者，所以价格歧视是不可避免的，但价格歧视会大大提高募捐效率。我用以下案例进一步举例说明。

案例：繁星点点——星愿宝贝公益计划

为了让更多孤独症儿童及其他特殊儿童群体能够获得康复训练与特殊教育，"繁星点点——星愿宝贝公益计划"（以下简称"星愿宝贝计划"）于 2022 年 4 月启动。本次公益活动由中华思源工程扶贫基金会主办，上海埃依斯航天、北京星愿航天、上海希之星公益、新世相联合发起。李小鹏、何冲、何晟铭、万茜、张含韵、丁真等近两百位知名人士（其中包括奥运选手、艺人、知名博主等）在微博通过该话题为特殊儿童发声，呼吁网友丢掉偏见，真诚接纳。截至 2023 年 2 月，项目传播阅读量 2.8 亿，筹款金额 824.26 万元，参与捐赠人次 48.9 万。

北京星愿航天公司作为本次活动倡导方，为参与本次活动的爱心捐赠者提供了一份特别的礼物——爱心宇宙船票（如图 2-9 所示样式）。用户通过项目官方 H5 页面进行捐赠之后，将自动生成一张带有

---

① 褚蓥. 新募捐的本质 [M]. 北京：知识产权出版社，2015：144-147.

捐赠人姓名及唯一编码的宇宙船票。星愿航天将通过自主研发的卫星，随火箭将捐赠者的名字发送到太空。在星愿宝贝计划这里对于不同捐赠金额的捐赠人都有价格歧视，与其说是歧视，不如说是激励，赋予了不同捐赠人不同的权益回馈，如图 2-10 所示。

图 2-9　三款爱心宇宙船票的样式

图 2-10 捐赠权益回报页面

1. 次捐 10 元权益

电子版通版船票+电子捐赠证书

2. 次捐 50 元权益

电子版画作版船票+电子捐赠证书

3. 次捐 520 元权益

电子版画作版 VIP 船票+电子捐赠证书

纸质捐赠证书+实物徽章（6 月份起陆续邮寄）

4. 月捐权益：持续付出爱心，点亮更多星球，收获专属纪念

（1）月捐 10 元：电子版星空版船票+电子捐赠证书+纸质捐赠证书（满 1 年邮寄）

（2）月捐 50 元：电子版星空版船票+电子捐赠证书+纸质捐赠证书+实物徽章（满 1 年邮寄）

（3）月捐 100 元：电子版星空版船票+电子捐赠证书+纸质捐赠证书

（4）实物徽章+明星同款船票（满 1 年邮寄）

（5）自定义捐赠：自定义 10～100 元同月捐；自定义 100 元以上限：电子版星空版船票+电子捐赠证书+纸质捐赠证书+实物徽章+明星同款船票+官方实物神秘大礼（满 1 年邮寄）

综上所述，以上赋予不同捐赠人不同的权益回馈其实都是在销售公益体验的差异化服务，价格歧视是不可避免的。

（二）区分愿望与结果：事与愿违的现象

我们传统观念认为好人做好事，坏人做坏事——有好的制度立法，一定是好人设计的；有坏的制度立法，一定是坏人设计的。按照这个逻辑，这个社会怎样才能实现美好呢？办法自然就是要让好人立法，把坏人干掉。这是一种事与愿符的想法，总觉得做公益，有好的愿望，就会产生好的结果。但是我们公益经济学要研究的就是在公益市场中那些事与愿违的现象，为什么有时候认可支持公益的好心人会办坏事？

例如，公益行业关于管理费和人才两倍当地工资的规定（详见下文），本来是要保护慈善组织的财产不被滥用在行政管理成本上，而

是要更多更纯粹地用在公益项目上，从而提高公益行业公信力，但最后导致了公益行业难以提供高薪酬吸引优秀的公益人才，研发和应用创新的技术，创新地提出解决方案，使得公益行业人才流失且更多是向行业外流动。例如，一位互联网公司的技术骨干，年薪50万元，他想转行进入公益行业，薪酬不提高也没关系，甚至降20%也可以，但当地慈善组织按照两倍当地工资规定，假如当地人均工资年薪10万元，他只能领取年薪20万元，就因为工资水平限制，这家慈善组织就无法聘请到这位互联网公司的技术骨干，也就难发力互联网公益公募，现在这样的规定排斥了大量优秀人才进入公益行业。

《基金会管理条例》（简称《条例》）第四章第二十九条规定"基金会工作人员工资福利和行政办公支出不得超过当年总支出的10%"。《财政部、国家税务总局关于非营利组织免税资格认定管理有关问题的通知》（财税〔2014〕13号）中关于非营利组织免税资格认定的标准第七条规定，"工作人员工资福利开支控制在规定的比例内，不变相分配该组织的财产，其中：工作人员平均工资薪金水平不得超过上年度税务登记所在地人均工资水平的两倍，工作人员福利按照国家有关规定执行"。可见，即使基金会的工作人员工资福利比例不超过《条例》的规定，但人均工资的限制仍然构成红线制约。

所以说，我们有些时候好人好心不一定干了好事，我们要学会从公益经济学角度来分析区分愿望与结果，关心那些出于美好愿望而设计的公益政策或者公益项目，会产生哪些阻碍公益行业或公益资源浪费的结果。

（三）公平与效率的权衡：慈善超市的凋零

我们只要谈到帮助穷人的公益慈善话题，总会偏向性地认为慈善就是要为穷人实现社会公平，尽可能地帮助他们，公平优先于效率。这时我就会想起我国的慈善超市项目这个案例，因为我以前在佛山市慈善会工作，多次参与了该项目的调研活动。

2013 年，我国《民政部关于加强和创新慈善超市建设的意见》中对慈善超市的概念进行界定，"慈善超市是以社会公众自愿无偿捐助为基础，借助超级市场管理和运营模式，为困难群众提供物质帮扶和志愿服务的社会服务机构"。

慈善超市以社区为依托，通过构建新的慈善事业运作平台，把临时性、季节性的社会救济转变为经常性长期性的扶贫帮困活动。在我国，类似"慈善超市"的名称有很多，如"阳光超市""爱心超市""扶贫超市"等，都是面向低保户和低收入家庭低价销售或免费发放社会捐赠物品的救助点。其救助的对象主要包括社会困难群众、城乡低保户、高于低保标准的边缘户和因突发事件造成生活困难的其他居民。[①]

自 2002 年慈善超市首现于沈阳后，2004 年经民政部下发了《关于在全国大中城市推广建立慈善超市的通知》，在国家政策的倡议下，北京、广州、武汉、济南、青岛等城市也先后建立慈善超市，中国慈善超市的绝对数量是不断增长的，随后在多数地区的慈善超市先后停业，慈善超市的发展面领着生存危机。2013 年，民政部印发《关于加

---

① 杨团.慈善蓝皮书中国慈善发展报告（2012）［M］.北京：社会科学文献出版社，2012：206-207.

强和创新慈善超市建设的意见》，期望对慈善超市的发展进行指导，实现可持续发展。全国各地区根据意见开始积极进行慈善超市的改革创新的尝试，也涌现出了一批可持续发展的典型代表，但全国慈善超市的总体发展情况非常不乐观。根据《2020 年民政事业发展统计公报》，截止到 2020 年底，全国共有慈善超市 4655 个，相比于 2017 年底（慈善超市 8969 个），慈善超市的数量只剩一半，慈善超市的发展陷入了严重的困境。

慈善超市项目的出发点是为了鼓励市民捐赠去帮助城市的中低收入阶层，从而实现社会公平。其运作模式为一次救助与二次救助相结合。一次救助运作模式是指慈善超市把企事业与个人捐助物品进行变现，转变为商品后对低收入群体贫困阶层进行免费发放，这种模式较为简单，慈善超市只起到一个中转站的作用，不需要太多的经营管理过程。二次救助运作模式是指慈善超市一般还设有物品变现区、爱心义卖区，面向市民开放，其口号是"市民的每次消费都是一次慈善行为"，把销售所得利润进行再分配，投入其他救助领域。这类慈善超市的好处在于既缓解了资金需求，又拓展了慈善超市的服务项目与内容。①

但看完知道了运作模式后，我也不禁要问，为什么要多此一举举办慈善超市？先看一次救助运作模式，即使没有慈善超市，我们的慈善组织也可以直接将收到的捐赠资金在京东、淘宝等网上商城采购直接物流送货上门到受益对象的家里，既省了场地租金，又省了二次物流成本，而且效率更高；还有二次救助运作模式设有物品变现区、爱

---

① 杨团. 慈善蓝皮书中国慈善发展报告（2012）［M］. 北京：社会科学文献出版社，2012：209.

心义卖区，即使没有慈善超市，直接挂闲鱼、爱回收等二手交易平台也能更高效地将大众捐赠的物品变现，而爱心义卖更多地可以直接和企业善因营销相结合，也能高效实现消费慈善的功能。可能有些伙伴会提出那是因为 2013 年之前网购、移动互联网等未广泛普及所以需要慈善超市，那么现在先不说存量的慈善超市能否和同行业的超市竞争，若自身不能按市场规则自负盈亏的，是否就已经没有存在的必要呢？可能有些伙伴会提出慈善超市还有存在的必要，那就是向市民展示当地政府在支持公益慈善事业，即政府关注民生的形象展示窗口，那么，我们可以算出一个窗口一年下来花的费用，包括租金、人员费用、物流费、库存物资等约 30 万元/年，全国还有 4600 多个窗口，如果这些费用约 14 亿元我们能省下来，用在其他更有效率的公益项目上，例如，对这些原本的受益对象进行再就业的技能培训等实现助人自助，而不是让我们的受益对象只会"等靠要"，岂不是更能帮助到更多的穷人实现社会公平。

综上所述，慈善超市的项目名字本身即体现了公益性目标和人们对市场化运营的期待，但慈善超市本身能否生产出广受市民喜欢消费的公益产品，这不是单纯实现社会公平的愿望的考量，因为公益资源是稀缺的，其投入产出比的效率如何是我们面对这个真实的公益市场需要重点考量的，我们是鼓励更多穷人去慈善超市，还是期望慈善超市早点倒闭没有穷人呢？正如薛兆丰在《薛兆丰经济学讲义》中所说，"公平背后往往是效率的考量，不是单个人效率的考量，而是整体社会长远发展的效率的考量"[①]。

---

① 薛兆丰. 薛兆丰经济学讲义 [M]. 北京：中信出版集团，2018：10.

（四）确定性偏好：公益现货和公益期货

当我们为公益市场的需求、公益产品、价格等引入时间维度后，需求就有了不耐和耐心之分，公益产品就有了现货和期货之分，价格就有了现值和期值之分，而这就构成了公益产品的期货市场的基础。

1. 确定性偏好。公益产品是用来消费的，在消费的问题上，所有捐赠者都会有时间上的偏好，不耐本身是人的自然倾向。因为未来具有不确定性。产生不确定的原因有很多，政策变革、灾害发生等，还有所有人都无法回避的原因，那就是生老病死，个人生命的有限性。因此，只要其他情况不变，人们总是希望早一点消费，因为早一点消费是确定的消费，晚一点消费就是不确定的消费。有时经济学家也喜欢将"不耐"称为"确定性偏好"。人们更喜欢今天确定的消费，而不喜欢明天不确定的消费。①

李小云在《公益元问题》中提到，公益不是简单的慈善行为，而是一个基于平等、和谐伦理的社会行动。在中国，那些直接救助型的公益比较容易得到支持，我称之为"显性公益"或"问题公益"，这类公益能够马上促动情感。但是，我们在募捐从事解决问题的公益项目时就很难筹到资金，这类公益我称之为"隐性公益"或"方案公益"。②

我在这里把显性公益产品称之为公益现货，其特点是短期内或现时交付的，投入后的产出相对确定，资金需求规模较小或可单位拆分；把隐性公益产品称之为公益期货，其特点是长期的或一段期间后才能交付的，投入后的产出相对不确定，资金需求规模较大和不可单位拆

---

① 薛兆丰. 薛兆丰经济学讲义 [M]. 北京：中信出版集团，2018：255.
② 李小云. 公益的元问题 [M]. 北京：中信出版集团，2021：43.

分。因为人们的确定性偏好的存在，所以大众作为 C 端消费者普遍是选择消费公益现货，极少选择消费公益期货，而且，公益期货本身项目的资金需求大，其准入参与门槛也往往比公益现货要高得多，大众就更难参与了。那在公益市场上，哪些人能参与消费和投资公益期货呢？主要是上市公司或财富家族，又或者部分中小企业/中产家庭及他们所支持的基金会等 B 端消费者，才能做出耐心的选择。

2. 延迟满足：C 端消费者和 B 端消费者。除去确定性的偏好外，假如公益期货的价格、产出、交付期限等都是确定的，为什么要 C 端消费者做出耐心的选择也会非常困难呢？那是因为 C 端消费者进行主动消费是利己的个人行为，需要短期内或现时获得有形或无形的心理账户上的收入回报才能更容易获得即时满足，若要选择公益期货而延期满足，个人选择本身总是会偏好对抗延期满足。延迟满足是指一种甘愿为更有价值的长远结果而放弃即时满足的抉择取向，以及在等待期中展示的自我控制能力。但 B 端消费者是集体领导决策，基于长期战略目标的考虑，愿意选择延迟满足，选择公益期货。C 端消费者比 B 端消费者更依赖于感情的偏好做公益消费的决策，对于个人具体实例，容易调动起感同身受，这就是"可识别受害者效应"，特别是还有密切度、生动感与"杯水车薪"效应[1]等更是可以促动或阻止我们采取的行动。但综合来说，如果以目标客户类型是 C 端和 B 端为维度定义横坐标，以公益产品类型公益现货和公益期货为维度定义纵坐标，可以画出图 2-11 分类：

---

① 丹·艾瑞里. 怪诞行为学 2 [M]. 北京：中信财经出版社，2017：199-216.

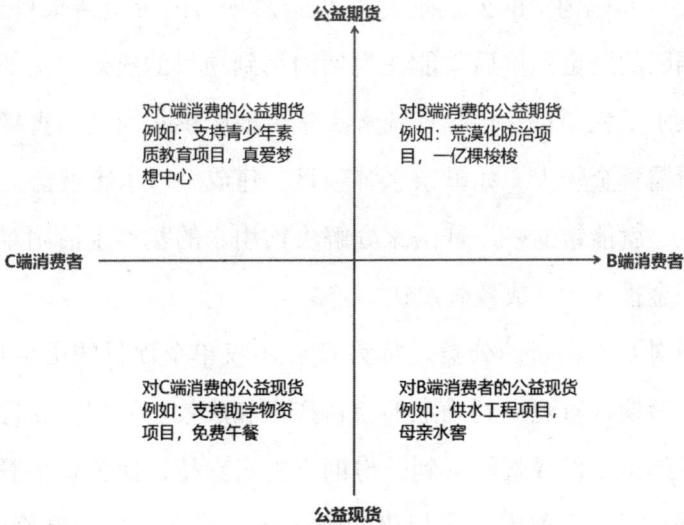

图 2-11　公益现货和公益期货分类

假设对 B 端消费的公益期货为 B_2：总项目的资金需求量特别大，大众基本没法参与，而且要系统解决社会问题的周期长、成效慢、不确定等问题。例如，荒漠化防治这类生态环保项目不仅持续投入大，项目一定就是 10 年周期起步的种植规划，而且要实现植树造林防沙的成效也是缓慢的，所以一直只有企业和基金会能参与，如阿拉善 SEE 生态协会。简而言之，资金投入大，成效不确定。

假设对 C 端消费的公益期货为 C_2：虽然要系统解决社会问题的周期长和成效慢，但单个项目的资金投入较少，大众可以参与，短期能直观看到产出。例如，支持青少年素质教育项目，采取的策略方式可以有很多，但有一痛点是共通的，就是素质教育的成效是长期观察的过程，也是不确定的，即便如此，也可以设计出单个项目进行服务，让大众可以参与和短期直观看到产出，包括课室、课程、师资的提升，如真爱梦想中心。简而言之，单价投入少，成效不确定。

假设对 B 端消费的公益现货为 B_1：总项目的资金需求量虽然大，但直接捐赠的资金到位后就能在短期内见到项目的成效。例如，缺水地区的供水工程项目，比起系统解决整个地区供水问题，直接资助建设水窖所需资金较少，如母亲水窖项目，建成一口水窖就能立竿见影看到成效，就能帮助一户贫困家庭解决饮用水的基本生活困难。简而言之，资金投入大，成效确定快。

假设对 C 端消费的公益现货为 C_1：不仅单个项目的资金投入小，而且能在短期内直观见到确定的项目产出和成效。例如，支持助学物资项目，捐出一份钱就能买到一份助学物资支持，如免费午餐，倡议每天捐赠 4 元，为贫困学童提供免费午餐。简而言之，单价投入少，成效确定快。

由此可见，受到确定性偏好和延迟满足的经济行为影响，从消费者对公益产品消费预期的高低难易程度看：

$B_2 > B_1$ 或 $C_2 > C_1$，因为 $B_2 > C_2$ 且 $B_1 > C_1$，所以 $B_2 > C_1$

这就可以用来解释上文李小云老师提出的为什么直接救助型适合 C 端消费者的公益现货，容易受欢迎，从事解决问题的只能靠 B 端消费者的公益期货，少人问津。但是以上公益产品的分类并非一成不变的，可以通过不同的生产要素对产品进行创新而相互转化。

案例：阿拉善 SEE 基金会——让环保成为大众的公益消费品

阿拉善 SEE 基金会是由阿拉善 SEE 生态协会发起成立的，早期的荒漠化防治项目都主要是靠企业及企业家的大额捐赠支持的，因为这时候荒漠化防治项目是只有 B 端消费者才可能消费得起的公益期货。随着移动互联网的发展，阿拉善 SEE 基金会对"一亿棵梭梭"项目在做公益产品设计时进行颗粒化，即把项目效果和 C 端消费者需求一一对应起来，即将公益产品总价格分摊至每一棵树，这使得 C 端消费者可以清晰地看到种下一棵梭梭的消费单价，也使得后续与蚂蚁金服公益合作开展的蚂蚁森林应用（蚂蚁森林是支付宝客户端为"碳账户"设计的一款公益行动，通过蚂蚁森林种下的实体树木也均为阿拉善 SEE 基金会所种植的梭梭）[①]，能够帮助 C 端消费者在虚拟世界提前看到项目确定的成效，获得自己的消费体验。如此，在蚂蚁森林的助力下直接把这款原本以为 B 端消费者才能消费的公益期货转化为所有 C 端消费者均可消费的公益现货。截至 2021 年 8 月，蚂蚁森林联合中国绿化基金会、中国扶贫基金会、中华环境保护基金会、中国绿色碳汇基金会、阿拉善 SEE 基金会等 8 家公益合作伙伴，在内蒙古、甘肃、青海、宁夏等 11 个省份已种下 3.26 亿棵树，种植总面积超过 397 万亩。

因此，这就启发了我们，比起对 B 端客户做消费者教育，不如用颗粒化管理思维、连锁店商业思维、互联网平台思维等思考和创新设计公益产品，如何尽可能把 B_2、B_1、C_2 转化为 C_1，大幅度降低公益产品的单价，提高公益产品的质量标准化即成效确定性，为 B 端客户的 C 端客户也可以定制供给公益产品，能大大地提高公益产品的消费总额。

（五）隔离理论：共用品和私用品

在市场经济中，萨缪尔森在《经济学》中对物品划分为两类，公共品和私人品。公共品是指那种不论个人是否愿意消费，都能使整个社会每一个成员获益的物品。私人品恰恰相反，是那些可以分

[①] 陈一丹，等 . 中国互联网公益 [M]. 北京：中国人民大学出版社，2018：86-97.

割、可以供不同人消费，并且对他人没有外部收益或外部成本的物品。①

实际上，这两类物品称为私用品（private goods）与共用品（public goods）。Public goods 一词是萨缪尔森先生发明的，但张五常在其《经济解释》一书中认为他起错名，误导了后人，使中译成为"公共品"，大错特错。我也同意和采用张五常关于共用品的定义，更为符合实际。共用是指多人可以共享而不干扰他人的享用。私用品的性质是独用，共用品的性质是同用。私用品可以公有，共用品可以私有。按照张五常先生的隔离理论，私用品与共用品最大的区别是能否隔离收费或在什么场景上能隔离区分付费者和不付费者。因此，严格地说，差不多所有物品都具有共用品与私用品的性质。例如，欣赏钻石是共用，戴钻石是私用。把共用品捆绑着私用品一起销售，是隔离不付费的人不能享用的一个好办法，可以减低交易费用。②

这恰恰启发了我们要反思公益产品这类物品的性质，传统观念认为公益市场中的全部公益产品都是公共品，要社会慈善资金付费埋单甚至是倡导政府财政付费埋单；我们平时市面上的商品都是私用品，是企业或个人付费埋单的。其实，借鉴张五常先生的共用品与私用品的隔离理论区分标准，我们同样可以发现公益市场上的不少公益产品都具有共用品与私用品的性质。例如，捐赠高校科研项目的研究成果发表是共用，优先进行产业转化的应用是私用；购买参与消费慈善的商品是私用，消费慈善产生的捐赠资金是共用。也就是说，如果我们

---

① 保罗·萨缪尔森，威廉·诺德豪斯. 经济学：第 19 版：教材版 [M]. 萧琛，译. 北京：商务印书馆，2020：249.

② 张五常. 经济解释卷一科学说需求 [M]. 北京：中信出版集团，2019：227-240.

用隔离理论来看待公益产品，能够把共用品捆绑着私用品一起销售，不仅仅是隔离不付费的人不能享用的一个好办法，更是隔离出"特权位置"回馈愿意为公益付费的人。

第三章　公益市场的生产要素

公益创业家精神是整个公益市场中能起到吸引、整合全部存量和增量的生产要素来创造公益产品用于满足消费者需求的思维和能力。

一、如何培育公益创业家精神

前文已经阐述公益创业家精神是一位公益创业家具有商业和社会双重使命，并通过这种使命来变革制度运行的方式，是公益市场中最重要的生产要素。那为什么说是最重要的生产要素？因为稀缺。一方面是因为公益市场充斥着三类人，担任着社会组织负责人，非但不具备而且还极力排斥公益创业家精神。第一类是食政府俸禄的人，由于其有政府资源的支持，以行政力量"劝"捐，也就没有必要按照市场的规矩办事；第二类是有钱的人，但属于自娱自乐的性质，无须市场埋单，全凭自己的喜好选择，也就没有动力按照市场规则来办公益了；第三类是纯草根的人，他们大都会以道德至高自居，经常靠着政府的购买服务资金和网络上散发各类苦情的小段子博取人们的捐赠苟活，也是难以撬动市场的。这就是我国公益行业的现状，这三类人或者是缺乏内生的市场化动力，或者是天生对市场不敏感，无法理解市场机制。这三类人的大量存在，导致我国的公益行业只能长期处在低层次之上，① 阻碍了公益创业家精神这最重要的生产要素进入公益市场。

另一方面，公益创业家精神是整个公益市场中能起到吸引、整合全部存量和增量的生产要素来创造公益产品用于满足消费者需求的思维和能力。简而言之，我们拥有了公益创业家精神就不是为了钱而工作，而是让钱和各种生产要素为我们工作来解决社会问题。那如何培育公益创业家精神？坚持终身学习，学习公益创业。学习公益创业，并不硬性要求你要去注册建立一家公司或社会组织，也可以内部创业。希望通过这样的学习，让更多人都可以拥有"公益创业家精神"，学会自觉用经济学思维发现和解决社会问题，这比直接注册公司或社会组织公益创业对公益市场的发展影响更大。其实关于这方面知识学习的方法论或者案例的书籍有很多，例如彼得·德鲁克的《创新与企业家精神》提到的创新的七个来源，郭超、沃尔夫冈·比勒菲尔德的《公益创业》提到的一种以事实为基础创造社会价值的研究方法，戴维·伯恩斯坦《如何改变世界》的9个社会企业家案例，毛基业、赵萌的《社会企业家精神（第一辑）》的社会企业常见的9类社会问题解决模式等，你一定能从中找到学习的榜样和方法论，而我只想从我的学习和实践中所了解、认识或遇到的公益创业家中提取他们能吸引到公益市场上的一切资源的共同特质，特别是能吸引到捐赠者或影响力投资者的特质，希望也能供大家参考。

（一）"专注"的能力

对公益创业项目要专注，甚至是痴迷。任何改变世界或解决社会

---

① 褚蓥. 新募捐的本质［M］. 北京：知识产权出版社，2015：19-21.

问题的项目都是需要很长的周期才能看到成效，其实这些公益产品都是在"不断思考""不断尝试""不断修正""不断打磨"当中走向成熟的，而这就需要持之以恒地专注投入。

影响力投资者会特别喜欢这一类公益创业家，他们能专注于自己的项目，每天都在绞尽脑汁去想"怎么样做好这个项目解决某个社会问题"，"怎么样打磨公益产品（或服务）的细节"，任何东西都怕"认真"二字，成功往往蕴含在细节之中。

如果连你自己都不相信自己的公益项目能改变世界，谁会相信？如果连你自己都不痴迷于自己的产品和服务，谁会认同？如果你自己都没有一种敝帚自珍的心态，别人怎么会真正尊重你的产品和服务？这是很多捐赠者或影响力投资者内心的一个逻辑，这个逻辑还是很受认可的，所以，公益创业家对自己的项目是专注而痴迷的。

（二）"专业"的能力

你是"专业的"，不是"门外汉"。梦想和勇气，往往不一定能把项目做好，兴趣和专业，才能把项目带向巅峰。

"专业"能力不仅仅是一项专业能力，参与公益创业要面对很多公益市场上的不确定性，甚至经常遇到很多问题不是自身已学的专业知识能解决的。那么，你就要终身学习跨学科专业的能力，这里我推荐学习查理·芒格进行商业分析和评估的"多元思维模型"。查理采用"生态"投资分析法的无懈可击的理由是："几乎每个系统都受到多种因素的影响，所以若要理解这样的系统，就必须熟练地运用来自不同学科的多元思维模式。"①

在实践中，如果能展现你是如何学习，如何提升，如何从不专业走向专业，从不擅长走向擅长，那就真的最好不过了，这就说明：你走向"专业和擅长"的过程，是可以复制的，那么这套解决社会问题的方案，也肯定是能复制和推广的，是一个"可以做大"的项目。

（三）"换位思考"的能力

围绕"需求"和"价格"，你要与"你的客户即消费者"之间"换位思考"。首先，你生产出来的公益产品，如果你是客户，你会要吗？你会有这个需求吗？其次，这个公益产品的价格，若你是消费者，你认为合理吗？你会付费支持吗？

围绕"利益"，你要与"你的合作伙伴""影响力投资者"之间"换位思考"。别人为什么要帮你？别人为什么要投资你？你能给别人带来什么收益？是经济利益、行业认可、社会影响力，还是荣誉？

围绕"思维模式"和"价值观"，你与"你的同事"之间"换位思考"。如果站在你的同事的思维模式角度，能不能理解你解决社会问题的项目方案？还有站在你的同事的价值观角度，认不认可你这么做？

围绕"政策"，你要与"政府"之间"换位思考"。例如，政府为什么要出台"双减"政策？当你站在政府角度想明白政府为什么这么做之后，那么我们就知道公益创业的方向，毫无疑问是做素质教育项目，不可能再做应试教育项目服务学生。

---

① 彼得·考夫曼. 穷查理宝典 [M]. 李继宏，等译. 北京：中信出版集团，2021：81.

围绕"未来的需求",你要与"时代趋势"之间"换位思考"。这项"换位思考"能力是最难的,就是说如果你站在未来的时代,你会发现什么社会问题,你可能会有什么需求?如果能先行布局,就能取得先发优势,但要有耐心,因为可能要坚持很久。

(四)"整合资源"的能力

整合资源的能力是公益组织最需要擅长的。没有最完美的个人,但可以有最完美的团队。

谁是可以帮你、愿意帮你的人?这就要整合人脉资源,包括政府领导、企业家、媒体人、专家学者、同行伙伴等。

哪些渠道是你需要打通触达消费者的?包括募捐渠道、生产渠道、销售渠道、传播渠道等。

哪些人才是你需要去招揽的?无论是现在的人才需求还是未来的人才需求,终身学习的跨界人才(即具有两个及以上行业的专业知识,并都能有所精通的跨界型复合职业人才)都是必不可少的。

(五)"赋能公益"的能力

什么商业模式能赋能公益更可持续发展?绝大多数的公益产品之所以销售难或不可持续,往往是缺乏商业模式。这就要求我们与时俱进,认识新兴的商业模式才能更好地赋能公益。我们现在就已经可以观察到7种新兴的商业模式,每一种都是创造价值的革命性的新方式,每一种都是加速的力量,它们分别是众包经济、免费/数据经济、智能经济、闭环经济、去中心化的自治组织、多世界模型、转型经济等。①
其中，闭环经济就特别适合用于赋能环保类的公益产品。在自然界中，
没有任何东西是"浪费"的。一个物种留下的"碎屑"，总是会成为
另一个物种生存的基础。人类也一直在试图模仿这种完全不产生任何
废物的系统，这种经济有时候被称为"仿生设计"（如果你讨论的是
如何设计一种新产品的话），或者被称为"从摇篮到摇篮的设计"（如
果你讨论的是如何设计一个新城市的话），或者更简单被称为"闭环
经济"。例如，塑料银行，它的业务是，任何一个人都可以捡起废弃
塑料，并将之扔到"塑料银行"中去。然后，这个"捡垃圾的人"可
以通过网络在任何时间收到现金报酬，而塑料银行则会对材料进行分
类，并将它们卖给适当的回收商，这样就完成了塑料生命周期的一个
闭环。

　　什么技术创新能赋能公益更高效率？公益市场之所以规模小、增
长缓慢，主要是因为缺乏投入技术的生产要素，特别是缺乏指数型技
术融合赋能公益市场。这要求我们要时刻关注科技的进步，特别是要
认识飞速发展的九大指数型技术，分别是量子计算、人工智能、网络、
机器人、虚拟现实和增强现实、3D 打印、区块链、材料科技与纳米技
术、生物技术等，只有这样才能更好地让我们思考如何把技术创新赋
能公益市场。其实，在我的想象中，未来可能会有这么一个平台，使
用人工智能、大数据以及云计算等工具，通过生物传感器识别个人情
绪或心智产生的公益需求和闲置资源，然后能够高速智能地个性化筛
选出我们喜欢且有能力消费的公益产品，进行提示是否支持，支持完

---

　　① 彼得·戴曼迪斯，史蒂芬·科特勒斯. 未来呼啸而来［M］. 贾拥民，译. 北京：北
京联合出版公司，2021：99-103.

后像开盲盒一样获得定制化的礼物或勋章或其他资源，成为公益市场中流通的区块链确权的数字资产，累计到一定程度能够兑换发起定制公益产品的愿望，然后平台又为您推广，形成一个所有有公益消费需求的人和所有有公益产品供给的人都在用各自资源共享交换的公益愿望互助平台。

哪些心理需求能赋能公益更加顺应人性？我们参与公益市场不能道德绑架要求公益消费者"反人性"地纯粹付出，而是要了解公益消费者个人的心理需求，同步设计相关的顺应人性的激励相容的措施或制度安排。总之，不要低估人性，也不要高估人心。

（六）"讲故事"的能力

什么能力能赋予公益产品或公益组织初创期就吸引到广泛支持者？《今日简史》的作者尤瓦尔·赫拉利在书中提出："人类之所以能够控制世界，是因为合作的能力高于任何其他动物，而之所以有那么强的合作能力，是因为他们能够相信虚构的故事。"[①] 同样，无论是慈善组织还是社会企业初创的创始人即公益创业家要有"讲故事"的能力，讲自己组织的愿景、使命、价值观，并且传播影响更多的人认可和加入，这其实就是在创造和传播虚构的美好故事并且让越来越多的人相信同样的故事，然后就会付诸行动支持。

为什么我说所有公益创业家讲的美好故事都是虚构的呢？如何使虚构的美好故事让我们更愿意去相信？因为他们经常讲的故事就是要解决某个社会问题，然而要第三部门解决社会问题的本身就是一个伪命题。关于社会问题的理解，学术上或行业内都有很多观点，但我特

---

① 尤瓦尔·赫拉利. 今日简史［M］. 北京：中信财经出版社，2018：237-300.

别认可资深公益人陈嘉俊先生的提法："'社会问题'的本质不是问题，而是'社会'——人和关系的总和。至少，如果用钱、物资和技术能直接解决的，就不叫社会问题。社会问题就是无法简单用钱和直线一元逻辑去回应的。例如，自闭症导致的社会融入和沟通障碍，双腿残疾造成了被歧视等这些是社会问题，但如果医学科技能直接治疗好自闭症和残疾，那又不叫社会问题了，而是医学问题，又何谈解决社会问题。几年前扶贫是社会问题，而今天则是乡村振兴；过去，孩子缺书所以我们捐书、孩子因为家里穷没钱读大学所以我们搞助学金，而今天我们则更多需要关注阶层流动和大学生的就业率。所以，社会问题不是要去被有效解决的，而是被有效回应，能创造群体回响。那就是说，社会问题其实是一种动态的状态，跟处在状态里面的人和关系有关。"但是，即使第三部门要解决社会问题是徒劳的，我们也会愿意去相信有些公益创始人虚构的美好故事，除了作为公益消费者去支持，甚至成为公益合伙人深度参与英雄之旅，因为首先在一个好故事里我至少要扮演某种角色，甚至可能是重要角色，其次这个好故事能延伸到超出自我的视界，让我们产生身份认同共情，觉得人生有意义。意义本身也是可以用来生产、交换、流通和消费的。经济学之父亚当·斯密在《国富论》里就指出了构成人类经济的所有行为动机，它包含以下六种：自爱、同情、追求自由的欲望、正义感、劳动习惯和交换倾向。在这里，公益经济学中的商品交换仅仅只占最少的一部分，更多的是人类情感、追求和自爱自由的文化意义要素。

人类学家格尔茨在《文化的解释》中认为："文化正是人类编织的一张意义之网，这个意义，也是每个人的心灵坐标。"因为故事带来的意义，我们获得了生命存在的理由，同时连接了更广大的世界。

如果这个意义坐标遗失了，人们就一定会去寻找。这个意义，有沸腾，也有沉寂落寞。它给我们以生活的希望，又总是让我们与忧伤失落相随。它美好，错误，交织我们的情感。它让世界充满各种未知，令人梦想，产生追求，它给我们带来众多的自发自愿的劳动与惊喜创造，就这样催生了我们社会的公益市场。

最后，我希望通过分享参考书籍提供的思维方式，相信能对各位以上素养能力的培养有所帮助，对不同学科知识的学习有所启发。

二、如何吸引公益劳动力

《怪诞行为学》的作者丹·艾瑞里在书中提出："为什么我们乐于做义工，干活儿赚钱时反而不高兴？因为我们同时生活在两个不同的世界里——其中一个世界由社会规范主导，另一个规范由市场规范来制定法则。社会规范包括人们互相之间的友好请求。它一般是友好的、界限不明的，不要求即时回报的。市场规范与此截然不同，不存在友情、界限十分清楚，按劳取酬和即时偿付，这里交换的是工资、价格、租金、利息以及成本、盈利等利益。"[①] 那么公益市场中的公益劳动力又是生活在哪个世界呢？公益劳动力有两类人群，一类是授薪的专职员工，另一类是不授薪的志愿者。在我看来，对前者我们要倡导专业精神为主，要由市场规范来调整，对后者我们要倡导公益精神为主，要由社会规范来调整。

（一）用市场规范保障，让社会规范激励

公益市场的专业精神，绝不应该仅仅建立在专职员工的无私奉献

---

① 丹·艾瑞里. 怪诞行为学［M］. 北京：中信财经出版社，2017：69-87.

之上而牺牲其体面的生活，而是应该建立在市场规范调整的劳有所得的基础之上，即专业人士在以公益为职业的同时，也能领取到与自身专业水平和劳动付出相匹配的体面收入。但我们的公益行业长期受到公益原教旨主义影响，总是过度倡导"献爱心"，不尊重专业精神的价值，包括人员工资、提取管理费等都处处被道德绑架，导致了公益行业这座城内的专业人才流失，城外的专业人才无法进来，出现了公益劳动力"劣币驱逐良币"的现象。

从逻辑上看，大前提是公益市场主体都愿意付费给专业人士体面收入；小前提是专职员工都是专业人士；结论是公益市场主体都愿意付费给专职员工体面收入。问题这就来了，为什么逻辑上的结论和现实情况不符？那就是大前提和小前提有问题。即第一个问题：公益市场主体是否都愿意付费给专业人士？第二个问题：专职员工是否都是专业人士？

关于第一个问题，已知公益市场主体包括投资者（捐赠者）、经营者（社会组织）等，经营者才是直接付费给专职员工的，然而我们的大多数社会组织不像社会企业能够持续创造经济价值，而基金会则受限于两倍工资规定，很多经营者也就没有稳定的经济来源或合规的方式付费给专业人士体面的收入，然后没有专业人士协助就更加难以稳定经营，进入恶性循环。因此，第一个问题的答案是否定的。

关于第二个问题，如何评价专职员工是否专业本身就反映了公益市场本身的不专业。例如，职业筹款人这项职业，在国外，筹款早已实现了职业化，由于筹款的专业性要求，国外还建立了相应的职业标准和准入机制，推动公益募捐市场的优胜劣汰。世界上有很多国家都有自己的职业筹款人行业协会，比如美国的国际职业筹款人协会

（AFP）、新加坡筹款人协会（SAF）、意大利筹款人协会（AIF）、巴西筹款人协会（ABCR）等。因此，国外的职业筹款人都是持证上岗的。而要想获得执业证，就必须通过专门的职业资格考试。[①] 可见，像筹款这样专业的工作不是人人都能干的，他必须是一名专业人士。而反观我国现状，筹款人员的专业水平令人担忧，大多数还是停留在熟人关系募捐或行政动员募捐的传统方式。因此，第二个问题的答案也是否定的。

综上，我们要想实现逻辑上的结论，就先要解决实现大前提和小前提的问题。首先，用市场规范保障专职员工体面的薪酬和科学的绩效。按照普通劳动力市场评价标准，不仅能保障专职员工体面的薪酬待遇，还能招聘到专业人士协助实现可持续经营战略，另外，建议可以实施绩效激励措施，例如筹款金额的管理费列支类似提成的激励奖金。正如美国哈佛大学的詹姆斯教授在多年研究的基础上指出：如果没有激励，个人潜能发挥只有 20%～30%，如果有适当激励，个人能力能够发挥到 80%～90%。其次，让社会规范激励他们使命感和创造专业价值。社会规范包括职业的光荣和责任感，当社会规范（例如共同创业的兴奋）强于市场规范（例如薪酬晋升增加）时，员工能为组织（特别是那些刚起步的组织）创造的价值的确令人瞩目。[②] 社会规范会促使员工自我发展并达到组织的专业要求甚至对专业不断追求精进，实现"专业自信"从而更加热爱这项事业。

① 褚蓥. 新募捐的本质［M］. 北京：知识产权出版社，2015：22-23.
② 丹·艾瑞里. 怪诞行为学［M］. 北京：中信财经出版社，2017：69-87.

（二）既倡导公益精神，也满足志愿者的"有私奉献"

《新募捐的本质》的作者褚蓥在其书中提出，公益精神倡导的是社会成员对社会弱势群体的帮助，是公民对社会的回报与奉献。但是公益精神又不应仅限于风险本身，更不应提升到无私奉献的高度。合理的公益精神，应该倡导在奉献的同时，能够满足人们的合理诉求。[①]简而言之，我们对待志愿者既要倡导合理的公益精神，也要满足人们奉献之外的其他自身的需求，例如专业技能提升、社交、荣誉等，满足志愿者的"有私奉献"。因此，我们要以激励相容思维奖励良善的动机，以激励相容思维引导良善的结果，让人们出于自利动机做出你所希望的公益选择。[②] 我们主要引入社会规范，激发人们的社会责任和荣誉感等，引导更多人成为志愿者。另外，我们也可以对特定需求的局部人群引入市场规范，在参与志愿服务的同时，回馈志愿者社交货币、技能货币等即时偿付的"利益"。例如，我们互联网领域的科技志愿者，根据一份针对 2784 位开源开发者的调查，他们无偿工作的最主要动机就是"学习并发展新的技能"。互联网与其说是受经济学支配的产物，不如说是由共享意愿驱动的作品。[③] 所以说，现在很多优秀的互联网公益产品其实就是专业精神与公益精神共同缔造的产物，由市场规范和社会规范共同调整。例如，淘宝"公益宝贝"计划、"微博打拐"和"99 公益日"等。

---

① 褚蓥. 新募捐的本质 [M]. 北京：知识产权出版社，2015：26-27.
② 引自：长江商学院范昕宇教授于 2023 年 1 月 14 日的课件《管理经济学》。
③ 凯文·凯利. 必然 [M]. 周峰，董理，金阳，译. 北京：电子工业出版社，2016：162.

（三）借"营销漏斗"筛选出志愿者 KOL

关键意见领袖（Key Opinion Leader，简称 KOL）是营销学上的概念，通常被定义为拥有更多、更准确的产品信息，且为相关群体所接受或信任，并对该群体的购买行为有较大影响力的人。借鉴类比，也就是说，志愿者 KOL 是指志愿者的关键意见领袖，在志愿者社群中有较大影响力的人。我们常感叹志愿者 KOL 可遇不可求，那么，我们如何才能寻找和吸引到志愿者 KOL 呢？其实，我们不妨可以借鉴 AARRR 漏斗模型进行筛选。AARRR 漏斗模型是 500 Startups 创始人戴夫·麦克卢尔（Dave Mcclure）在 2007 年提出的客户生命周期模型，解释了实现用户增长的 5 个指标，分别是：Acquisition、Activation、Retention、Revenue、Referral。（如图 3-1）

图 3-1　AARRR 漏斗模型

营销漏斗能够识别决策流程中每一个阶段中的潜在目标顾客的比

例，包括从刚刚知道该产品到高度忠诚之间的每一个阶段。① 这是科学反映机会状态以及销售效率的一个重要的营销管理模型，其基本思想就是变"不确定"为"确定"。漏斗的顶部是有购买需求的潜在用户，漏斗的上部是将本企业产品列入候选清单的潜在用人，漏斗的中部是将本企业产品列入优选清单的潜在用户（两个品牌中选一个），漏斗的下部是基本上已经确定购买本企业的产品只是有些手续还没有落实的潜在用户，漏斗的底部就是我们所期望成交的用户。为了有效地管理自己的销售人员，就要将所有潜在用户按照上述定义进行分类，使处在漏斗上部、中部、下部的潜在用户转化成功的概率逐步增加。

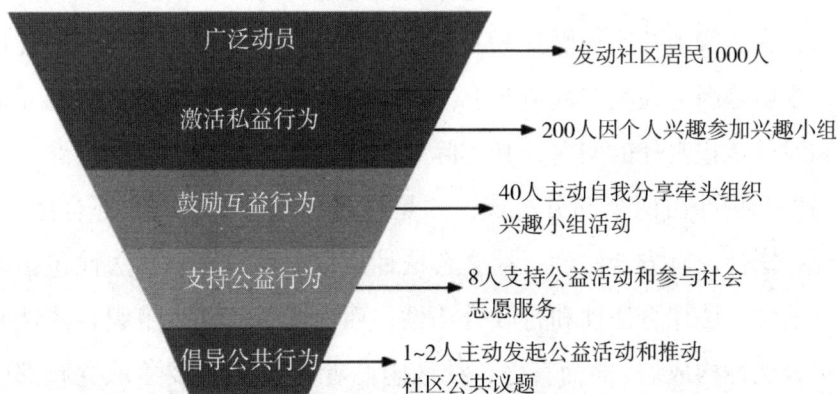

图 3-2　社区志愿者漏斗模型

我们可以把营销漏斗管理模型借鉴应用到志愿者 KOL 的筛选（如图 3-2），以社区志愿者 KOL 为例，假设社区居民有 1000 人作为漏斗的顶部阶段，可以分为五个阶段，按二八法则进行筛选。其中 20% 社

---

① 菲利普·科特勒，凯文·莱恩·凯勒. 营销管理 [M]. 何佳讯，等译. 上海：上海人民出版社，2021：126.

区居民即 200 人因为个人兴趣参加兴趣小组，例如广场舞、乒乓球、下棋等，我把这基于兴趣的私益行为作为漏斗的上部阶段；然后其中 20%兴趣小组成员即 40 人特别活跃，特别愿意分享和牵头组织活动，逐步成为兴趣小组的骨干，我把这基于自我分享而服务他人当作互益行为作为漏斗的中部阶段；然后其中 20%的兴趣小组骨干即 8 人遇到社区的公益活动愿意去参与服务，逐步成为社区志愿者，我把这基于关注公益而志愿服务社区当作公益行为作为漏斗的下部；最后其中 20%的社区志愿者即不超过 2 人愿意主动发起公益活动和参与社区公共议题，逐步成为社区志愿者 KOL，我把这基于倡导公益而发起社区志愿服务队或参与推动社区公共议题的公共行为作为漏斗的底部。如此经过漏斗一系列筛选下来，这个社区志愿者 KOL 转化率为 0.16%。然而，在实践中社区志愿者 KOL 的转化率不是一成不变而是不易转化的，主要是因为在大多数情况下，社区志愿者 KOL 会担心对内相互信任和对外承担责任的问题，其实际上是遇到社会团体合法性问题。社会团体合法性由两个部分组成：一是外部合法性；二是内部合法性。外部合法性由官方合法性、社会合法性组成，其中官方合法性包括政治合法性、法律合法性和行政合法性；而内部合法性由组织合法性和成员合法性构成。[①] 简而言之，社区志愿者 KOL 对外要争取党政部门的公信力背书和社区的认同，对内要获得成员的信任、能力和资源支持。前者可以通过党建共建、公益创投等方式争取，后者则需要长期参与社区公益项目积累。所以，在很多情况下，我们孵化社区志愿者 KOL 不一定是个人，最好是一个小团队，这样不会因为过度担心责任或个人的退出直接影响整个社区公益项目稳定和可持续发展。

---

① 徐家良，孙钰林. 论社会团体的内部合法性 [J]. 甘肃行政学院，2006（11）.

案例：顺德启创培育社区自组织，推动居民参与社区建设①

自 2011 年开始，佛山市顺德区启创青少年是社工服务中心（以下简称"顺德启创"）在大良街道农业和社会工作局的资助下，于大良街道开展大良友邻社区发展项目（以下简称"大良友邻"）。经过近六年的探索，在社区自组织培育方面取得一定的经验。

顺德启创不急于培育社区自组织，而是从建立与居民的关系开始，提出了以下培育路径的假设和实践："社区兴趣—社区互助—社区参与"。

1. 激活私益行为，以兴趣爱好作为手段。吸引居民走出家门、走进社区，与其他居民相识、相知，鼓励居民个人发展，同时了解社区的人文、地理、环境，建立居民间的关系。顺德启创通过兴趣课程学习让居民之间体验正向的邻里社区互动关系，穿插社区信息，建立居民间亲密感及对社区的认可。如此，有潜质能够长期聚集的居民兴趣组就是社区居民自组织的雏形阶段。

2. 鼓励互益行为，以社区互助作为体验。让每一个人都能够体会到具有自助及助人的能力，引导居民在满足自身需求之余，亦关注社区不同群体，特别是弱势群体的需要，并尝试提供服务。顺德启创通过小组聚会、外出组织交流学习、社区感谢日的颁奖等，培育有潜能的组织及热心的社区志愿者 KOL，鼓励居民自组织能够把互助行动持续。

3. 支持公益行为和倡导公共行为，把社区参与变为常态。社区自组织能够关注社区公共事务，自愿参与到解决社区公共事务中。此时

---

① 资料来源：佛山市顺德区启创青少年是社工服务中心内部项目总结材料。

的社区自组织已经由被动的参加者到协助者，再转化为组织者甚至是决策者，能够提出对社区事务参与的意见及建议，并能够在社区志愿者 KOL 的带领下有所行动，而该组织已进入自我运作阶段，顺德启创的角色逐步退出。

如图 3-3 所示，大良友邻社区总人口为 220440 人，顺德启创通过"社区兴趣—社区互助—社区参与"路径组织和发展居民，至 2021 年培育及联动社区居民自组织 107 支，其中包括社区兴趣类队伍 55 支、社区功能类即含志愿服务类队伍 28 支、社区议题类队伍 24 支。

大良友邻志愿队伍情况

序号	所属片区	所属社区	社区常住人口	兴趣类队伍	兴趣类总人数	兴趣类骨干	督导培育兴趣类队伍数量	督导培育兴趣类队伍人数	督导培育兴趣类骨干	议题类队伍数量	议题类总人数	议题类队伍骨干	督导培育议题类队伍数量	督导培育议题类队伍人数	督导培育议题类骨干	功能类队伍数量	功能类队伍人数	功能类队伍骨干	功能类督导培育	督导培育功能类人数	功能类督导骨干
1	中片	中区	30000																		
2		文秀	24029	20	346	31	/	/	/	2	27	11	2	18	6	3	87	17	2	29	3
3		南华	20505																		
4	北片	新松	14929	14	293	31	6	64	21	11	115	62	/	/	/	16	390	53	/	/	/
5		北区	20042																		
6	东片	升平	22308	8	160	8	2	18	7	7	29	15	2	17	7	1	10	6	1	4	1
7		府又	40000																		
8	凤翔片	古鉴	34200	13	454	49	6	161	43	4	57	13	/	35	13	8	602	32	1	13	3
9		新滘	14427																		
总数			220440	55	1253	119	14	243	71	24	228	101	4	35	13	28	1089	108	4	46	7

图 3-3　大良友邻志愿队伍情况①

参与社区自组织的居民共 2570 人，占社区总人数的 1.2%，其中社区志愿者 KOL 共 328 人，占社区自组织人数的 12.8%。

社区兴趣类队伍的居民共 1253 人，占社区总人数的 0.6%，其中社区志愿者 KOL 共 119 人，占社区兴趣类队伍人数的 9.5%。

社区功能类队伍的居民共 1089 人，占社区总人数的 0.5%，但在 2014 年，社区功能类队伍 4 支约 155 人占社区兴趣类队伍 8 支约 182 人的 85%，这时候这两类队伍的人都有很多交集，都加入这两类队

---

① 资料来源：佛山市顺德区启创青少年是社工服务中心内部项目总结材料。

伍，还没有社区议题类队伍；其中社区志愿者 KOL 共 108 人，占社区功能类队伍人数的 9.9%。

社区议题类队伍的居民共 228 人，占社区总人数的 0.1%，占社区功能类队伍人数的 20.9%；其中社区志愿者 KOL 共 101 人，占社区议题类队伍人数的 44.3%。

由此可见，顺德启创的实践和社区志愿者漏斗模型理论是一致的。启示了我们要推动广泛社区居民参与社区治理，先要从提高私益行为或互益行为的社区兴趣类队伍的参与人数基数，然后通过漏斗筛选机制找到和提高公益行为的社区功能类队伍的参与人次基数，最后才转化成公共行为的社区议题类队伍，发现社区志愿者 KOL。同时，我们也要保障他们的公益行为或公共行为的社区自组织的合法问题。

三、如何引导更多公益金融进场

在讨论公益金融之前，我们先认识金融的本质，如中国国际经济交流中心副理事长黄奇帆所说："说到金融的本质，归纳起来，就是三句话：第一句话，为有钱人理财，为缺钱人融资。第二句话，金融企业的核心要义就在于信用、杠杆、风险三个环节，要把握好三个环节的度。第三句话，一切金融活动的目的是为实体经济服务。金融本质上就是具有中介性质的现代服务业。"[①] 金融是现代经济的核心，可见其重要性。同样类比，公益金融也是服务公益市场，为有钱人或有钱的组织提供公益理财，为缺钱人或缺钱的公益组织融资；公益金融也是要设计出一个信用可靠、风险较小、不容易坏账的杠杆比的公益

---

① 黄奇帆. 分析与思考：黄奇帆的复旦经济课 [M]. 上海：上海人民出版社，2020：14-15.

金融创新产品，可以最大限度地撬动商业资本和社会资本服务公益市场；公益金融也是服务公益市场的"实业"，即除了资助型基金会之外的社会组织和社会企业等。所以，公益金融也是公益市场的核心，公益金融搞好了，一招棋活，全盘皆活。

　　然而，目前我们之所以认为公益金融是公益市场上的稀缺生产要素，其实在于观念认识上，如何引导商业资本向善，成为公益金融。正如杰里米·巴尔金先生在其《影响力投资》书中指出，我们必须消除这种误解：在某种程度上，利润和积极的社会影响不可兼得。一方面，慈善即爱人，但由于慈善捐赠和对有限经济资源的使用存在基本的约束，投资的影响范围受到了限制；另一方面，如果成功，投资将带来更多的金融资源，从而扩大影响力，做大蛋糕。这样一来，社会机构产生的一部分利润就可被用于支持非营利性活动。因此，更多的利润意味着更多的慈善捐助。从根本上讲，金融是一种向善的力量，因为它通过带来富足，实现了持续的人类繁荣，让人们有机会实现自己的梦想。①

（一）为什么公益金融发挥不了比较优势

　　比较优势原理，最早是大卫·李嘉图在《政治经济学及赋税原理》中提出来的。这个原理的含义是说：在一个社会里，每个个体如果把有限的资源，包括时间和精力，只用来生产对他们来说机会成本比较低的那些产品，然后跟别人进行交换，这样整个社会产品的总价值就能达到最大，而且每一个个体的境遇都能得到改善，而不论他们的绝对生产能力是高还是低。后来，亚当·斯密在《国富论》中提出

---

　　① 杰里米·巴尔金. 影响力投资 [M]. 黄延峰，译. 北京：中信出版集团，2017：72.

分工协作原理并进行解释：哪怕是天生禀赋一样的人，只要专注某个细分领域的生产，就能够减少在工作当中切换往返的成本，能够熟能生巧，能够让机器的替代成为可能。[①] 到了现代，1985 年，哈佛商学院的教授迈克尔·波特在其著作《竞争优势》中首次提出价值链的概念："每一个企业都是在设计、生产、营销、交付和支持产品一系列活动的集合。所有这些活动都代表了企业应用价值链的方式。"[②]

所以，按照比较优势原理、分工协作原理、价值链理论，我们不难发现，经济领域的产业价值链中，有很多不同的主体参与其中，包括金融、实业、研发、咨询等，都是根据自己的比较优势，即自己和自己比，总有效率比较高、成本比较低的主营业务项目，专注某个细分主营业务，然后跟别人进行交换即分工与合作，整个社会的财富就能够增加。其中，"金融"提供的是资金流的支持，实现资金的高效流动，是实体经济发展的发动机；"实业"提供的是终端产品，是实体经济的最终成果；"研发"提供的是智力支持，为实体经济的发展指明方向，以及供应高新技术；"咨询"提供的是品牌、人力资源等方面的产品，促进实体经济的高效发展，是实体经济的润滑剂。[③]

其实，与经济领域一样，公益市场也是遵循比较优势原理和分工协作原理的，也可以构建多中心的价值链，也包括资助（金融）、服务（实业）、研究咨询（研发）、品牌及行业赋能（咨询），如图 3-4[④]。在这里我们主要先讨论价值链上"金融"和"实业"这两大环节。

① 薛兆丰. 薛兆丰经济学讲义 [M]. 北京：中信出版集团，2018：305-308.
② 迈克尔·波特. 竞争优势 [M]. 陈丽芳，译. 北京：中信出版集团，2014：31.
③ 褚蓥. 新募捐的本质 [M]. 北京：知识产权出版社，2015：9-17.
④ 引自：深圳市慈善会房涛副会长于 2021 年 10 月 26 日的课件《关于共同富裕与三次分配的深圳解读和探索》。

行业生态视角

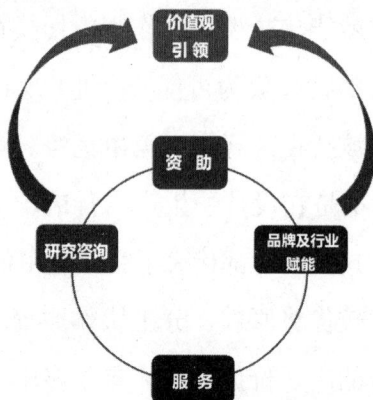

图 3-4　行业生态视角的价值链

1. "金融"职能在我国公益市场应由基金会来承担。在国外，除了基金会，还有主流金融机构已涉足公益金融。国外的基金会大都致力于三件事情："筹钱、赚钱、花钱"。所谓"筹钱"，指的是基金会向社会筹集资金，以"捐赠者导向"理念募得捐款；"赚钱"，指的是基金会大都雇有专门的理财队伍，负责把筹集的资金投资到最能赚钱的地方；"花钱"，指的是基金会找到符合自身宗旨的优秀公益项目，把钱花在这些执行项目的组织身上而不是自己单干。

反观我国的基金会，虽然截至 2020 年 12 月 31 日，全国基金会总数达到 8565 家，与前一年相比增加 684 家。（根据基金会中心网观测数据统计）但还完全没有发挥出"金融"功能。先说"筹钱"方面，菲利普·科特勒对基金会的筹资策略和营销理念做了重要分析，并划分出"产品导向""销售导向"和"顾客导向"三个阶段。① 我国基金会大都停留在"产品导向""销售导向"的阶段，"产品导向"比

---

① 菲利普·科特勒. 非营利组织战略营销［M］. 北京：机械工业出版社，2010：254.

较盛行的态度是"我们有好的事业，人们应该支持我们"，"销售导向"比较盛行的态度是"这里有大量的竞争。人们通常都不情愿去捐赠。假如我们要增加我们的资金来源，我们需要更加激进一些"。在我国经常采取"以权谋捐"来募捐。再说"赚钱"方面，尽管2018年民政部出台了《慈善组织保值增值投资活动管理暂行办法》，但基金会保值增值的积极性和能力依然较弱。2019年，全国有1524家基金会有投资行为，占该年度基金会总量的27.3%；与2018年相比，基金会投资收益占总收入的比例由5.1%增加到5.6%，但仍然不是基金会收入的主要构成部分。[①] 即使是有投资行为，其收益率也是非常低的，八成以上的基金会资产增速未跑赢通货膨胀，可参考图3-5[②]。

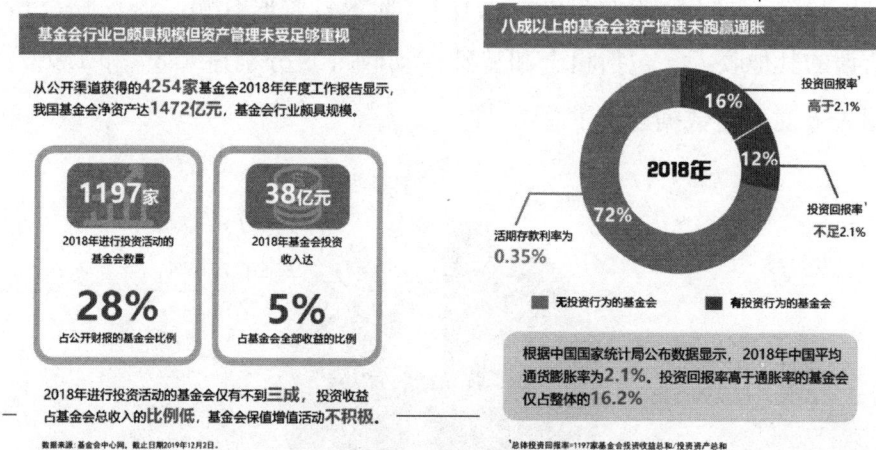

图3-5　基金会行业资产管理情况

----

① 杨团. 慈善蓝皮书中国慈善发展报告（2021）［M］. 北京：社会科学文献出版社，
2021：84.
② 引自：深圳市创新企业社会责任促进中心曾亚琳主任于2021年10月23日的课件
《公益金融创新案例》。

最后说下"花钱"方面,我国的基金会对无论公募还是私募回来的钱,都是要用于自己的项目自己实施,而很少资助其他组织实施公益项目。由此可见,我国的基金会没有真正发挥其"金融"的功能,而是专做"实业"的社会组织。这种格局使得我国的公益市场的价值链非常缺失"金融"这一重要的环节,逼得更多组织去了"实业"这个环节,僧多粥少,公益产品同质化、非专业化等问题严重。

2. "实业"职能在公益市场应由除了资助型基金会之外的社会组织和社会企业来承担。在国外,以 2013 年为例,同样是做"实业"的公共慈善组织总收入的 47.5%是来自私营部门提供产品和服务而带来的收入,通过政府资源提供产品和服务收费占总收入的 24.5%。捐款占总收入的 13.3%。另外,还有 8.0%来自政府补贴。投资收益和所谓的其他收入(包括租金和特殊活动收入)分别占 4.8%和 1.9%。图 3-6 对以上数据进行了总结。

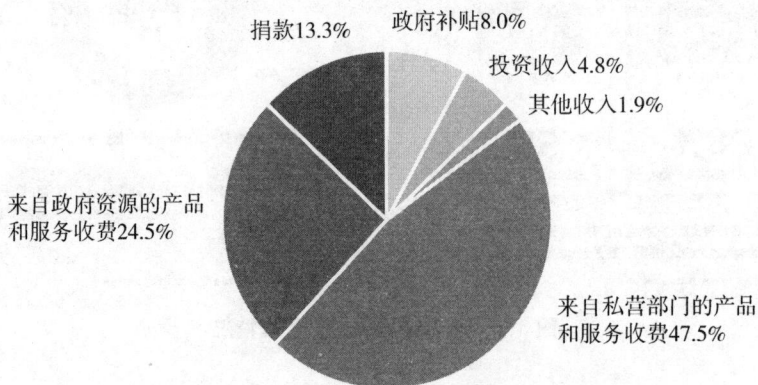

图 3-6 美国 2013 年公益慈善机构的收入来源构成

来源:美国慈善统计中心(National Centre for Charitable Statistics)根据美国国税局收入部门免税组织样本(2009,2011)的统计、城市研究(Urban Instiute)全国慈善统计数据核心文件(公共慈善机构,2013)、2012 年美国医院协会(American Hospital Association)调查,以及卫生费用核算(医疗照顾与医疗救助服务中心[Centre for Medicare and Medicaid Services])

需要注意的是，如果在这一数据分析中剔除医疗机构和高等教育机构，收入来源的构成将会发生很大变化，如图 3-7 所示。我们可以看出这两类做"实业"的机构主要是通过收取服务费用而获得收入的，所以相对不太依赖捐款。然而对于其他种类的非营利组织来说，其收入中几乎有四分之一都来自慈善捐款。综合来看，非营利部门收入的增长惊人。至 2013 年，即便近几年受经济衰退的影响，非营利部门的总收入在十年间也增长了 40.6%。[①]

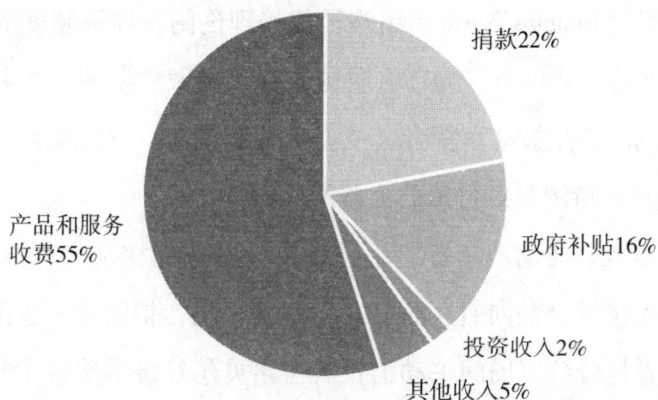

图 3-7　美国 2013 年公益慈善机构的收入来源构成
（不包括医疗机构和高等教育机构）
来源：数据由城市研究所提供

反观我国做"实业"的社会组织，除了学校和医院主要有来自私营部门的产品和服务收费之外，其他的社会组织大都需要政府购买服务或补贴，还有就是需要越来越依赖捐款持续支持。

从公共管理角度看，一般会用资源依赖理论和路径依赖理论解释

---

① 阿德里安·萨金特，尚悦．慈善筹款原理与实践［M］．桂林：广西师范大学出版社，2021：14-16．

这现象。资源依赖理论提出，没有一个社会组织可以完全做到自力更生，组织的生存必须依赖所处环境来获取资源，并通过与外部环境中的其他组织进行互动获取合法性和资源。① 路径依赖理论，是指人类社会中的技术演进或制度变迁均有类似于物理学中的惯性，即一旦进入某一路径（无论是"好"还是"坏"）就可能对这种路径产生依赖。一旦人们做了某种选择，就好比走上了一条不归之路，惯性的力量会使这一选择不断自我强化并让你轻易走不出去。美国学者道格拉斯思·诺思（Douglas North）用路径依赖理论阐释经济制度的演进。② 但是，从经济学角度看，为什么我国公益市场做"实业"的社会组织生产不出既能满足被动消费者（受益对象）需求，又能满足主动消费者（捐赠者）持续愿意付费的公益产品呢？

（1）首先，主动消费者"用脚投票"的选择权利大都不被重视。正如徐永光在《公益向右，商业向左》中提出，捐赠者、志愿者和服务的购买者是公益市场的主动消费者。诺贝尔经济学奖得主哈耶克提出的"消费者主权理论"是说，消费者根据自己的意愿和偏好到市场上选购所需的商品，从而影响生产者听从消费者的意见安排生产，提供消费者所需要的商品。与之对立的是"生产者主权"。在公益市场的募捐行为中，消费者表现得非常明显。捐赠者消费者主权的运用，就是"用脚投票"，决定支持谁或不支持谁，这是公益资源流向高效率机构的重要机制。③ 所以说，我们以前过分重视只满足被动消费者

① 李军. 非营利组织公共问责的现实考察：基于资源依赖的视角 [J]. 学会，2010（06）：3-10.

② NORTH D C. Institutions, Institutional Change and Economic Performance [M]. Cambridge：Cambridge University Press, 1990.

③ 徐永光. 公益向右，商业向左 [M]. 北京：中信出版集团，2017：30.

（受益对象）需求而生产公益产品，少有倾听和考虑真正付费的主动消费者（捐赠者）的意愿和偏好，长此以往，这类"实业"的社会组织就会"供需错位"，迟早会被公益市场的竞争淘汰，无需惋惜。

（2）其次，生产公益产品没有定价收费的成本意识，而且在市场上大都不具有核心竞争力，无法像国外的公共慈善组织那样，能向私营部门提供产品和服务而带来持续的收入。可能会有些社会组织负责人跳出来说，我们是非营利组织，就是不该收费，要提供免费的公益产品，让穷人受益。其实，穷人既然有改善生活的权利和需求，理应得到供应，而如此庞大、形形色色的需求是不可能持续依靠政府和无偿捐助来满足的，越是贫困地区的政府，其公共服务越是缺位。穷人不但享受不到免费的公共服务，反而要花高价向不规范的市场购买。正是因为一般商人对这块市场不屑一顾，稀缺的供应形成垄断，穷人买贵货，经受"对贫穷的罚款"。[①] 如果这里有收费服务的社会组织或社会企业落地当地，不但在服务完全缺位的地方填补空白，还可以通过持续的市场竞争淘汰质次价高的其他市场供应商，使穷人享受价廉物美的产品，抵消"对贫穷的罚款"，这不就改善了穷人的生活质量吗？正如著名经济学家茅于轼所说，"赚富人的钱不算本事，赚穷人的钱才算本事。穷人也需要生活，要上学、看病、买东西、过日子，也要企业为他们服务。这不是剥削。"

3. 金融和实业的比较优势。虽然说我国的公益市场上的"金融"和"实业"两大环节都存在很多问题，但不得不承认这两者之间还是存在比较优势的。在这里我假设公益市场的劳动成本对应主体自身从事价值链的不同环节且不同功能的成本从低到高分别用数值1~4进行

---

① 资中筠. 财富的责任与资本主义演变［M］. 上海：上海三联书店，2015：411.

表示，如表3-1所示。

表3-1 公益市场的金融和实业的劳动成本比较优势

主体 功能	金融（基金会）	实业（社会组织）
筹钱（募捐）	1	4
赚钱（理财）	2	3
花钱（生产公益产品）	3	2
销售（受益对象）	4	1

前文已阐述过基金会承担金融职能，因为已经有比较成熟的筹钱的网络体系，成本是最低的。也因为有一定的资金体量进行投资理财，赚钱的成本也是较低的。花钱即生产公益产品如果依靠自己干，就是要重资产投入人力、物力等，成本相当高。自己干销售则需要自建销售渠道，找到受益对象，成本最高。

除了资助型基金会之外的社会组织和社会企业来承担"实业"职能，要自己干筹钱的活则需要自建筹钱的网络体系，成本最高。也因为没有资金体量的优势进行投资理财，赚钱的成本也较高。生产公益产品本身就有自身已有的公益劳动力成本优势，成本相对较低。销售业务是最为擅长的，因为平时一直有对接和服务广大的受益对象，所以已经有成熟的销售渠道，成本最低。

综上所述，发挥"金融"职能的基金会和发挥"实业"职能的社会组织在公益市场中存在比较优势，若二者在市场配置下各自发挥自己的比较优势，进行专业分工和合作生产公益产品，可以使各自的状况变得更好。例如，基金会负责筹钱和赚钱，然后交给社会组织花钱生产公益产品和销售，劳动成本即1+2+2+1=6为最小值，是能够有最优的结果即实现帕累托最优的状态。帕累托最优，也称为帕累托效率，是指当任何可能的生产资源重组都不能再使其他人的情况变坏的条件下，使得任何一个人的福利变好时，就达到了帕累托效率。[①] 但事实上，我国的基金会和社会组织在现阶段大都没有明确专业分工和合作，也就实现不了这状态，这又是为什么呢？在这里我引入了信息不对称来进行解释。

4. 应对公益市场的信息不对称。信息不对称是指当买卖双方在重要的事实上所了解的信息不同，就会发生信息不对称问题。[②] 其表现主要有道德风险和逆向选择。道德风险是在一个人，即所谓的代理人代表另一个人，即所谓的委托人完成一些工作时出现的问题。如果委托人不能完全监督代理人的行为，代理人就倾向于不会像委托人期望的那样努力，即一个没有受到完全监督的人从事不忠诚或不合意行为的倾向。逆向选择是在卖者对所出售的物品的特征了解得比买者多时市场上产生的问题。在这种情况下，买者要承担物品质量低的风险，即从无信息买者的角度看，无法观察到的特征混合变为不合意的倾向。在公益市场上，站在基金会角度看，作为出资人可以看作买家，而社会组织就是卖家。基金会对社会组织有两项选择，一是合作，二是不合作，自己建专业团队单干。而社会组织作为公益产品的供应商本身有两种类型，一是专业，二是不专业。见表 3-2：

---

① 保罗·萨缪尔森，威廉·诺德豪斯.经济学：第 19 版：教材版 [M]. 萧琛，译. 北京：商务印书馆，2020：149.

② 保罗·萨缪尔森，威廉·诺德豪斯.经济学：第 19 版：教材版 [M]. 萧琛，译. 北京：商务印书馆，2020：201.

表 3-2　基金会对是否专业的社会组织的不同合作意愿的成本

能力＼合作意愿	合作	不合作
专业	6	8
不专业	10	8

　　当基金会选择和社会组织合作，那么就会碰到要合作的社会组织是否专业的问题，若是专业的，必然事半功倍，成本即 3+3＝6；如果不专业，那成本跟原来自有团队干差不多即 3+7＝10。当基金会选择不和社会组织合作，也不依靠自有团队干，而是再聘请和培养一支和社会组织一样专业的自有团队干，成本会增加，我这里假设每个功能成本基础上各增加 1，这里要增加生产和销售功能，成本即 3+（2+1）+（1+1）＝8。如此看来，买家基金会本来就想买专业的社会组织服务合作，但往往这类专业的少，反而吸引来那些卖家是不专业的社会组织跑来求合作，容易出现逆向选择；所以，因为卖家是否专业无法确定，基金会的负责人决策往往会有确定性偏好和避免道德风险，选择不和无论是否专业的社会组织合作，偏好选择依靠自己确定的专业的自建团队。

　　那么我们要如何应对公益市场的信息不对称？从基金会角度看，首先，最常用的办法是重复交易，逐渐增加信任，要倡导更多基金会愿意走出第一步，策略上可以在捐赠协议或购买服务合同上约定解约的条件和分期付款等方式。其次，从定向捐赠开始合作，现阶段我国的基金会并不乐于提供非定向捐赠，而更偏好采取定向捐赠，因为没有指定的项目，基金会就无法向社会募捐。再次，依靠第三方背书，如果买卖双方都认识一个中间人，通过中间人担保，买家和卖家就可以克服信息不对称的障碍，例如，政府倡导的公益项目，政府作为中间人，推荐的当地执行项目的社会组织对接基金会合作。最后，走基金会的"轻资产化"模式。基金会可以将公益产品生产线外置，即采用外包给社会组织的形式，将项目运作的职能剥离。这种业务外包不同于单纯资助。接受委托的社会组织不能以自己的名义，而是以委托方，即基金会的名义来运作项目。① 如此"贴牌生产"，基金会就只需要做好自己有比较优势的活即专心筹钱和赚钱。例如，壹基金的壹乐园公益计划等公益产品就是"贴牌生产"，值得我们学习借鉴。从社会组织的角度看，提升专业水平，何谓专业，生产的公益产品切中需求、品质稳定以及性价比相当就是专业。做好信息公开，要把自己的专业彰显出来。

（二）公益金融如何发挥杠杆效应

承担"金融"职能的基金会只是公益金融市场主体的一部分。前文已提及公益金融，或称社会影响力金融，是一种同时追求财务回报和社会价值的资本配置活动。公益金融涵盖面非常广泛，公益理财、公益创投、慈善信托、社会影响力债券（项目）、影响力投资基金、慈善信托、社会影响力保险、捐赠者建议基金等都是公益金融的具体形式。见表3-3②：

---

① 褚蓥. 新募捐的本质［M］. 北京：知识产权出版社，2015：11-12.
② 李国武，李忠东，房涛，等. 社会影响力金融研究报告：No.1［M］. 北京：社会科学文献出版社，2021：5-6.

表 3-3 从事社会影响力金融的行业领域、工具类别和典型案例

行业领域	工具类别	典型案例
银行	普惠信贷	普惠型小微企业贷款、普惠型涉农贷款、扶贫小额信贷、小和金服·极速贷
	公益理财产品	中国建设银行"乾元-爱心捐赠"系列公益理财产品、光大银行"母亲水客"公益理财产品
保险	政策性小额保险	政府补贴的农业险
	商业性小额保险	益宝·半安"心智障碍者保险保障项目"、腾讯微保"药神保·抗癌特药保障计划"
	公益性小额保险	中国乡村儿童大病医保公益基金、"顶梁柱"健康扶贫公益保
证券	社会影响力债券	扶贫债券、乡村振兴专项债券、疫情防控债券
	社会价值主题股票价格指数基金	社会价值投资联盟（深圳）与 Wind 资讯联合编制的义利 99 指数
基众	社会影响力投资基金	禹闲资本设立的影响力投资专项基金——"禹禾基金"
信托	慈善信托	万向信托·鲁冠球三农扶志基金慈善信托
公益慈善	捐赠人建议某金	深圳市慈善会·心睿捐赠人建议基金、上海市慈善基金会大爱福（DAF）专项基金
	股权捐赠	曹德旺夫妇将所持福罐集团 3 亿股股权捐赠给河仁慈善基金会
	公益创投	爱佑慈善基金会"爱佑公益 VC 支持计划"

前文已经简要介绍了金融和公益金融的本质，其服务实业的中介性质相信都很好理解，但杠杆效应恰恰才是金融的精髓所在。金融杠杆简单来说就是一个乘号（×）。使用这个工具，可以放大投资的结

果，无论最终的结果是收益还是损失，都会以一个固定的比例增加。"给我一个支点，我就能撬动整个地球。"阿基米德这样形容杠杆的力量。那这个支点我们如何找到呢？这个支点就是信用，信用是金融的立身之本，无论是金融机构还是融资企业都要有信用，信用是杠杆的基础，一旦有信用，就有透支，透支就是杠杆。银行存贷比、股票市场融资融券等都是一种杠杆。一切金融创新的本质都是放大杠杆比，但杠杆比过高就会产生风险，甚至导致金融危机，而防范金融风险、解决金融危机就要去杠杆。所以，金融的精髓就是要把握好信用、杠杆、风险三者的"度"。[①] 对公益市场而言，公益金融是一支不仅可以撬动商业资本，也可以撬动社会资本的杠杆。因为有公益组织的公信力背书，公益金融产品比其他产品的信用更高风险更低，杠杆比一般也不会太高，但又因为公益金融产品本身不仅仅追求正向的财务回报，也追求社会影响力，所以有耐心的社会资本投入进行增信能对冲提高杠杆比的风险，就能撬动更多的社会资本参与支持。那么，公益金融又是如何发挥杠杆效应的呢？主要表现在资金募集和资金使用两个层面。

1. 在资金募集层面的杠杆效应。前文提及 2018 年深圳市慈善会联合中国建设银行深圳市分行推出的一款公益理财产品"乾元-爱心捐赠"，以此项目为例，见图 3-8。产品特点：公募理财，面向公众公开发行，10 万元起点，本金保留，收益捐赠，子女可获得"寻找追光少年"活动优先参与名额，并可获得由深圳市慈善会颁发的青少年公益实践证书。

---

① 黄奇帆. 分析与思考：黄奇帆的复旦经济课 [M]. 上海：上海人民出版社，2020：309.

　　截至 2021 年 4 月，已成功发行了 22 期这款公益理财产品，累计发行金额 89 亿元，已实现捐赠善款 703 万元，参与人次近 3 万。① 这里值得关注的是客户的收益捐赠金额约为认购金额的年化 0.3%，换句话说，建行深圳市分行通过和深圳市慈善会合作销售这款公益理财产品，撬动了每个客户的理财效率，既满足了客户商业理财的需求，也撬动了客户参与公益的需求，比起以前金融机构一次性捐赠慈善组织的传统做法，放大了原来慈善资金募集的效益。这就是公益金融在经济效益上有营收利润、社会效益上有慈善捐赠与公益精神传播两个效益层面的杠杆效应。

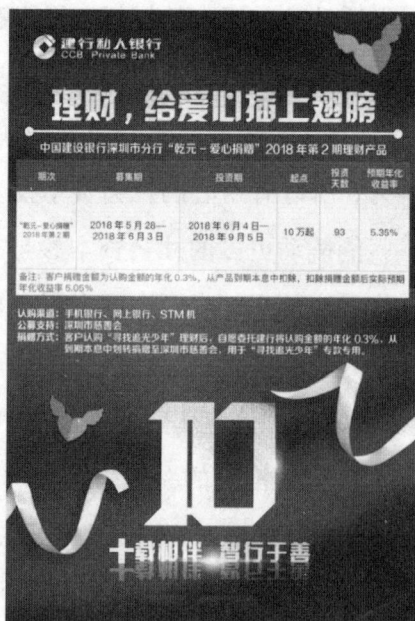

图 3-8　中国建设银行深圳市分行发行的公益
理财产品对外宣传海报

---

　　① 李国武，李忠东，房涛，等. 社会影响力金融研究报告：No. 1 [M]. 北京：社会科学文献出版社，2021：206-207.

2. 在资金使用层面的杠杆效应。在这里以"自闭症儿童公益保险"项目为例，该项目是中国人寿寿险深圳市分公司和深圳市慈善会、深圳市创新企业社会责任促进中心共同发起的聚焦自闭症儿童群体家庭风险保障的一个公益项目。针对"星星的孩子"这一群体自主照顾能力较弱、日常意外和疾病的风险较高的核心痛点，该产品可以为出生 28 天至 17 周岁（含）被确诊为自闭症且户籍或居住地在深圳的儿童和少年提供为期一年的保险保障。保障内容主要包括保额为 5 万元的意外残疾责任、5 万元的重大疾病责任、3 万元的疾病住院医疗责任和 6 千元的意外医疗责任，合计保费 128 元。这一公益保险产品不仅有效弥补了公益性、特惠性保险产品在自闭症儿童这个特殊群体中的市场空白，同时，该项目通过"深圳市慈善会·国寿关爱基金"募集社会资金为自闭症儿童购买保险的形式进行运作，充分借助双方的客户网络平台和资源，有效地利用杠杆撬动更多社会力量参与。目前，该项目已经连续开展三年，每年募集的善款约可覆盖 1050 户自闭症儿童家庭。

这里值得关注的是单笔支出 128 元保费能够获得 13.6 万元的保额，等于发挥保险 1000 倍的杠杆功能，大大放大了原来资金使用的效果。同时，每年中国人寿寿险深圳市分公司通过和深圳市慈善会对社会公开募集资金让 1050 户自闭症儿童家庭持续受益，特别是保险公司的业务人员非常积极地对其客户群体进行该类公益保险产品保费的募集，也大大撬动了资金募集的效果。由此可见，公益金融在资金使用和资金募集两个层面都可以很好地发挥杠杆效应。

四、技术和数据如何赋能公益

现在技术市场和数据市场已经是相互融合发展，特别是技术和数据在赋能公益方面，能够大大提高公益市场的效率和公信力，对公益市场的竞争格局、思维模式等起到了颠覆性的作用，主要体现在以下方面：

（一）赋能公益市场提高效率

数字技术进步最直观赋能公益的必然是提高公益市场主体的运营效率，特别是包括融资（筹款）、生产（量产公益项目）、销售（传播）、服务（体验）等，其主要信息技术包括移动互联网、大数据、人工智能、虚拟现实、区块链等。

1. 互联网+公益。陈一丹在《中国互联网公益》中提出"互联网与公益能够成功结合，更在于互联网能为公益注入科技原力，让慈善公益实业的效率、质量和价值得到显著升级"[①]。例如，2014年风靡全球的"冰桶挑战"，正是借助互联网让爱心网友的捐赠效率大大提高，特别是移动支付的便捷和移动互联网上的社交分享，成功助推公益项目筹款的高效传播。

2. 公益大数据。狭义上的公益大数据主要是公益活动的传播、捐赠和执行数据，通过这些数据的汇总分析，可以洞察公益活动的现状和趋势，为公益活动的涉及、传播推广和执行方法等提供参考和建议；广义上的公益大数据还包括了公益活动参与方各自背后的数据，包括

---

① 陈一丹，等. 中国互联网公益［M］. 北京：中国人民大学出版社，2018：326.

捐赠者和受捐人的画像数据、公益机构的经营数据、公益活动所属行业的状态数据（如环境、灾害、教育、医疗、政务）等等。这些数据的汇总分析，将为社会治理、行业发展、机构经营乃至个人生活的改善优化提供支持，甚至提升社会重大公共问题的解决效率。[①] 国内已有慈善组织开始探索应用公益大数据，例如，中国扶贫基金会成立了专门的移动互联网部，建立起数字化人才团队，爱佑慈善基金会就已经建立了自己的数据中心并成立了数据应用技术研究院。

3. 人工智能的公益应用。人工智能可以通过网络互联及大数据整合对慈善公益各领域起到提升效率和促进创新的作用。狭义上，人工智能的公益应用是就公益机构和项目自身而言，智能算法能够帮助其提高运营效率，例如对公益活动运营数据的自动化分析处理；广义上，人工智能本身已经成为超越商业的国际政治和社会问题。针对重要的社会公共问题，用人工智能技术来支持和解决，正在成为引导科技发展的重要手段。[②] 例如，"百度 AI 寻人"项目是 2016 年底百度推出的一项 AI 公益服务，探索用人工智能技术帮助找到走失或被拐儿童回家。2017 年，百度与民政部的全国救助寻亲网合作，推出基于人脸识别技术的 AI 寻人平台。首批接入全国救助站内 3 万多条走失人员数据，实现家属上传走失人员照片后即可一键对比库内所有照片，系统自动给出相似度最高的十个结果。截至 2021 年 3 月 1 日，百度 AI 寻人平台共计收到用户上传照片 42 万余张，寻亲成功数量达到 12000 多人次。用人工智能切实保护儿童权益，呵护儿童成长，守护千万个普

---

① 陈一丹，等．中国互联网公益［M］．北京：中国人民大学出版社，2018：335-337.
② 陈一丹，等．中国互联网公益［M］．北京：中国人民大学出版社，2018：335-340.

通家庭的幸福，真正响应人工智能为儿童的全球主张。① 这让我想到凯文·凯利在《必然》中提到"我们在知化没有生气的物体后会得到许多的好处，而这对日常生活的颠覆将是工业化的百倍"②。随着近期 ChatGPT 技术横空出世，我们可以预见当公益行业加入通用人工智能带来的影响会越来越大，而"知化的公益"迟早会出现！

（二）赋能公益市场信用革命

公益市场产品的付费主体和受益主体大多数是相分离的，这就天然造成人们对慈善组织信息不对称的信用问题。区块链技术是一项分布式数据库技术，其主要特点是：去中心化、匿名性、加密。这些技术特点非常适合解决公益市场的信用问题。去中心化可以帮助实现公益信息的公开透明，保障公益活动的可信度；匿名性可以有效保护公益参与人的个人隐私，尤其是一些不愿留名的捐赠者；加密可以确保公益信息的安全，同时能有效验证公益参与人的身份。对于"信任"为基石的慈善公益来说意义重大，甚至具有革命意义。所以，区块链技术在中国公益行业的应用围绕公益信息流转透明化也开始了尝试。例如，资金流方面，爱佑慈善基金会于 2018 年 8 月上线了区块链救助公示平台，实现包括救助金额和去向等救助数据的实时公开。物流方面，京东公益在 2017 年 9 月与美丽中国支教公益项目合作，应用区块链技术实现物资公益捐赠流程的追溯。人流方面，腾讯可信区块链研究院在 2017 年 10 月推出了"公益寻人链"平台，通过链入多家寻人

---

① 百度 AI 寻人：基于人工智能的寻人技术及应用［EB/OL］. 光明网，2022-06-20.
② 凯文·凯利. 必然［M］. 周峰，董理，金阳，译. 北京：电子工业出版社，2016：29.

机构和网站，实现部分寻人公益项目的数据分享，提高了寻人运作的效率。①

（三）赋能公益市场去行政化

随着移动互联网技术在公益市场的应用，以及《慈善法》实施后慈善组织互联网募捐信息平台的建设加快，互联网以迅雷不及掩耳之势深刻改变着我们公益市场的垄断格局，从以前行政化垄断公募资源到现在去行政化开放和走向市场化。公益本身就不是政府包办的事情，而是全民共治的事业。传统单纯的线下公益模式，注定了公益只能成为小众的、封闭的、低效的行业；而借助移动互联网技术就可以倒逼官办慈善组织满足公益捐赠透明性、可选择性和快捷性的需求，打破了公募资源的垄断，实现公益大众化、开放化、高效化，真正集社会之力解决社会问题。

数据显示，截至 2021 年 11 月底，全国 30 家互联网公开募捐信息平台累计筹款 87.5 亿元，互联网筹款能力进一步提升。2021 年 "99 公益日" 期间，超过 6870 万人次捐 35.69 亿元，加上腾讯公益慈善基金会的 6 亿元资金支持，总共募得善款 41.69 亿元。其中，慈善会系统筹款能力迅速提升，62 家慈善会机构筹集资金 18.27 亿元，以 18.5% 的机构数拿下了 99 公益日 45.1% 的总筹款。② 由此可见，慈善会系统积极拥抱移动互联网，自我革命，开放了公募资源，逐步走向去行政化转型。

---

① 陈一丹，等. 中国互联网公益 [M]. 北京：中国人民大学出版社，2018：344-347.
② 李璟. 全国慈善组织超 1 万家社会组织数量将突破百万大关 [EB/OL]. 长江商报，2022-01-28.

（四）赋能公益市场平等开放

移动互联网不仅为公益市场提供了传播合作的技术平台，还赋予了一种新的公益思维模式即公益市场平等意识。互联网思维认为每一个用户的求助和爱心都是平等的，不因向社会求助而身份卑微，也不因捐赠额少而爱心打折。正如麦田教育基金会所倡导的理念："谢谢这些孩子给了我们一个表达爱的机会！"公益不是单向度的施舍，而是平等互助的共赢。

其实，区块链技术也是在赋予另一种新的公益思维模式即公益市场开放意识，也称区块链思维，就是让公益产品在生产和消费阶段，打造成一个去中心化开放给每个人都可以参与生产和分享消费公益产品的平台，将每一次善举记录下来和传播，形成公益产品的"生产消费者"模式。例如，由尚品宅配发起的公益项目"爱尚计划"。① 第一，逐步实现平台化。联合多种形态的企业和支持单位，以平台化的合作方式一同守护孩子们的童年，让他们能够健康快乐成长。第二，将"爱尚计划"去中心化。从公益项目转变为公益平台，再到打造爱尚联盟去中心化，让各地根据自身的特点和志愿者的特长，去自主规划公益活动，然后由"爱尚计划"小组提供培训、资讯等服务。在对等的网络里没有集中的决策者，核心是志愿者自己，让人人都能参与公益。第三，建立公益信用体系。每一个尚品宅配员工都是爱尚计划志愿者，每一个善举都应该被记录。在公益岛上采用游戏积分的形式做公益，充分发挥志愿者的热情，学校的信息共享，捐赠活动实时发

---

① "爱尚计划"关注儿童教育 尚品宅配用区块链思维做公益 [EB/OL]. 中国新闻网，2018-05-31.

布，信息公开透明，志愿者参与过的公益行动在这个平台上都"有迹可循"。未来，公益岛将逐步开放，希望能链接起高校志愿者、公益机构及爱心企业，集合更多的力量，一起来关注偏远地区的教育。截至 2022 年 4 月，"爱尚计划"的爱心足迹已遍布 28 个省 170 个县 242 个乡，累计为 441 所小学捐赠了课桌椅 34095 套，彩笔 16987 盒。①

（五）赋能公益市场规则颠覆

数字技术催生了数据业，而数据业因为能实现零边际成本的产品的无限供给，正在挑战建立在资源稀缺条件下的传统经济学的诸多经典理论和重要规律，正在改写现代经济规律包括改变生产函数、全要素生产率和产业经济学等。② 同理，数字技术在公益市场上的应用，也必将带动公益市场的数据业发展，从而开始颠覆我们自以为的公益伦理和规则，如捐赠人也是消费者，捐赠人也是受益人，这些法定的角色定位在数字技术赋能公益市场后逐步边界模糊和发生融合趋势。

例如，以区块链作为底层技术的数字藏品。数字藏品是指使用区块链技术，对应特定的作品、艺术品生成的唯一数字凭证，在保护其数字版权的基础上，实现真实可信的数字化发行、购买、收藏和使用。③ 如果捐赠人在参与捐赠资金给基金会支持了公益项目后，获赠了有公益荣誉纪念价值的数字藏品回馈，假如这款数字藏品锚定了在平台上的同类数字藏品或商家权益其市场价值不低于捐赠资金，那么捐赠人是属于捐赠行为还是在消费行为呢？因为数字藏品的数量生产

---

① 尚品宅配开启"爱尚计划"九周年第一站 公益大爱无惧疫情 [EB/OL]. 乐居财经，2022-04-25.
② 娄支手居. 第四产业 [M]. 北京：中信出版集团，2022：184-210.
③ 数字藏品数字藏品 [EB/OL]. 百度百科.

是几乎零边际成本的，拿出一部分支持公益捐赠的权益回馈也是不用花费多少成本，可以预见未来我们的数字藏品应用平台企业要捐赠数字藏品给基金会支持公益必然会成为一种新趋势。甚至如果支持的公益项目恰恰是赋能公益行业人才的互联网课程体系，同时我们的捐赠人也有兴趣学习，那么我们的捐赠人是否也可以成为受益人参与学习呢？也就是说捐赠人也是受益人的模式，正是得益于数字技术对公益的赋能。这就启发了我们未来公益项目的设计可以增加更多知识生产、技术创新、数据挖掘等非物资资源的生产要素投入，方能极大地提高公益项目的效率，并降低量产的成本。

第四章 公益市场的效率和失灵

公益市场的总剩余＝买者的捐赠预期评价－卖者的公益产品生产成本

一、公益市场的消费者和生产者

（一）消费者剩余

消费者剩余是买者愿意为一种物品支付的量减去其为此实际支付的量。需求曲线以下和价格以上的面积用来衡量市场的消费者剩余。[①]同样，在我看来，公益市场的消费者剩余即公益市场的买者愿意为一个公益产品支付的量减去他们实际支付的量。

公益市场的消费者剩余是价格以上和需求曲线以下的面积。图4-1中，当价格为P1时，消费者剩余是三角形ABC的面积。

现在假设如图4-1所示，价格从P1下降到P2，消费者剩余现在等于三角形ADF的面积。由于价格降低，消费者剩余的增加是梯形

---

① N. 格里高利·曼昆. 经济学原理［M］. 北京：北京大学出版社，2005：136-138.

BCFD 的面积。

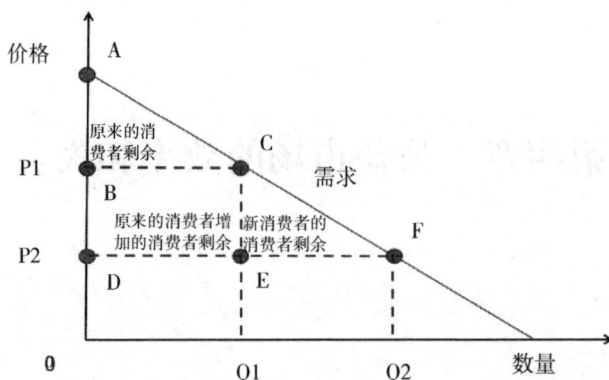

图 4-1 公益市场的消费者剩余

消费者剩余的增加由两部分组成。第一，那些原来以较高价格 P1 购买（捐赠）Q1 量的公益产品的买者由于现在支付（捐赠）比预期少了而状况变好即更有利于买者。原有买者的消费者剩余增量是他们减少的支付量，它等于矩形 BCED 的面积。例如，买者在参加一场慈善拍卖会，原本心理预期要捐赠 50 万元支持公益项目，但实际上只花 30 万元拍下了一幅艺术画，同时支持了公益项目，其间的 20 万元和艺术画就是消费者剩余，买者的公益消费体验必然比预期要好。第二，一些新的买者进入了公益市场，因为他们现在愿意以降低后的价格购买（捐赠）该公益产品。例如，项目颗粒化后通过互联网募捐，单笔捐赠参与的门槛大幅降低，绝大多数人也可以参与进来公益消费。结果，公益市场需求量从 Q1 增加到 Q2。这些新进入者的消费者剩余就是三角形 CEF 的面积。

由此可见，我们发现规律：如何降低价格从而增加消费者剩余。公益市场的消费者剩余=买者的捐赠预期评价-买者捐赠的量。

（二）生产者剩余

生产者剩余是卖者得到的量减去其生产成本。价格之下和供给曲线以上的面积用来衡量市场的生产者剩余。[①] 同样，在笔者看来，公益市场的生产者剩余即公益市场的卖者得到的量减去其公益产品的生产成本。

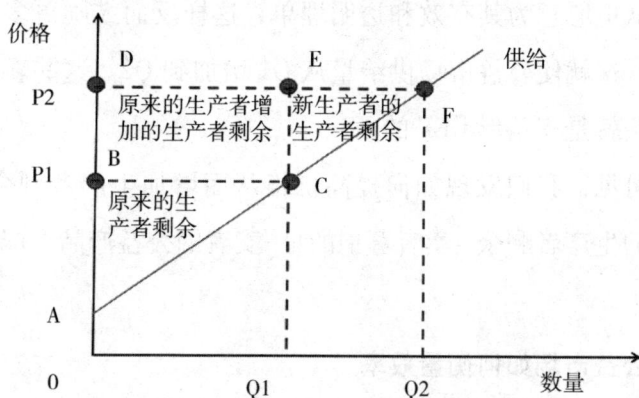

图 4-2　公益市场的生产者剩余

公益市场的生产者剩余是价格以下和供给曲线以上的面积。图 4-2 中，当价格为 P1 时，生产者剩余是三角形 ABC 的面积。

现在假设如图 4-2 中所示，价格从 P1 上升到 P2，生产者剩余现在等于三角形 ADF 的面积。由于价格上升，生产者剩余的增加是梯形 BCFD 的面积。

生产者剩余的这种增加由两部分组成。第一，那些原来以较低价格 P1 出售（募捐）Q1 量的公益产品的卖者由于现在卖到（募捐）了更高的价格而状况变好即更有利于卖者。原有卖者的生产者剩余增量

---

① N. 格里高利·曼昆. 经济学原理 [M]. 北京：北京大学出版社，2005：142-145.

等于矩形 BCED 的面积。例如，知名高校的实验室或科研项目这类公益产品，往往能通过校友的渠道卖到比预期更高的价格，从而也会更鼓励卖者对买者关于荣誉体验、科研成果权益等反馈和对校友渠道的维护，然后持续出售公益产品。第二，一些新的卖者进入了公益市场，因为公益市场接受了他们现在按较高的价格生产该公益产品。例如，大众逐步接受社会组织收取管理费用，虽然提高了公益产品的单价成本，但大众更愿意为其有效和透明埋单，这样反而鼓励更多生产者进场。结果，这就使公益市场供给量从 Q1 增加到 Q2。这些新进入者的生产者剩余就是三角形 CEF 的面积。

由此可见，我们发现如何提高价格从而增加生产者剩余的规律。公益市场的生产者剩余=卖者募捐的量-卖者的公益产品生产成本。

二、公益市场如何衡量效率

我们如何衡量公益市场的效率？为了回答这个问题，我们先增加一个衡量指标是公益市场的消费者剩余和生产者剩余的总和，我们称之为公益市场的总剩余。为了更好地理解这指标，我们用好前文对消费者剩余和生产者剩余的定义。

公益市场的消费者剩余=买者的捐赠预期评价-买者捐赠的量

公益市场的生产者剩余=卖者募捐的量-卖者的公益产品生产成本

当我们把消费者剩余和生产者剩余相加时，得出：

公益市场的总剩余=买者的捐赠预期评价-买者捐赠的量+卖者募捐的量-卖者的公益产品生产成本

买者捐赠的量等于卖者募捐的量，因此，这个公式中中间的两项相互抵消。因此，我们可以把公益市场的总剩余定义为：

公益市场的总剩余=买者的捐赠预期评价-卖者的公益产品生产成本

如果资源配置使总剩余最大化，我们可以说，这种配置表现出效率。如果一种配置是无效率的，那么，买者和卖者之间交易的一些好处就还没有实现。[①] 一方面，在公益市场中，如果一种公益产品不是由成本最低的卖者生产的，配置就是无效率的。例如，教育公益项目有很多类型，包括资金助学、服务助学等，最常见的就是派发助学金，地方慈善会系统因为有着官方的属性能低成本打通教育部门和民政部门的合作关系，分工对困难学子筛选和发放，所以派发助学金项目这类公益产品的生产成本很低。但如果是其他服务助学项目，如青少年科技素养提升项目，地方慈善会系统并不专业擅长自己生产这类公益产品，若要自己单干即增加卖者的总成本并减少总剩余，配置就是无效率的。另一方面，在公益市场中，如果一种公益产品不是由对此产品评价最高的买者消费的，配置也是无效率的。例如，高校实验室建设的冠名捐赠项目，不乏知名的企业家校友对母校实验室项目的高度认可，因为能捐赠冠名支持建设的荣誉感恰是买者对该公益产品的最高评价。但如果不是其曾读书的母校，而是其他高校，必然降低甲方的捐赠预期评价并减少总剩余，配置也是无效率的。

综上所述，我们如果能够通过投入生产要素或模式创新，一方面降低公益产品生产成本，另一方面提高买者的捐赠预期评价，产出性价比高的公益产品，那么就必然能增加公益市场的总剩余。其实，从事实上也是可以印证这个规律的，特别是近几年的中国全民公益的实现，借助移动互联网，发动了捐赠额不高但基数巨大的草根大众。以

---

① N. 格里高利·曼昆. 经济学原理 [M]. 北京：北京大学出版社，2005：147-155.

腾讯公益平台数据为例（见图4-3），小额捐款成为主流。一方面，单次捐赠在20元以下的人群行为一直是主体，占比在七成以上；另一方面，单次捐赠在20~100元的人群行为占比持续提升，同时20元以下的持续下降，这表明很多小额捐赠者被有效带动提高了慷慨程度。[1]换句话说，这其实是因为移动互联网可以让公益产品生产成本实现量产从而使单价大幅下降，又因为信息公开透明、交互社交等功能的移动互联网属性使原有的一部分买者的捐赠预期评价也提高了，大大增加了公益市场的总剩余。

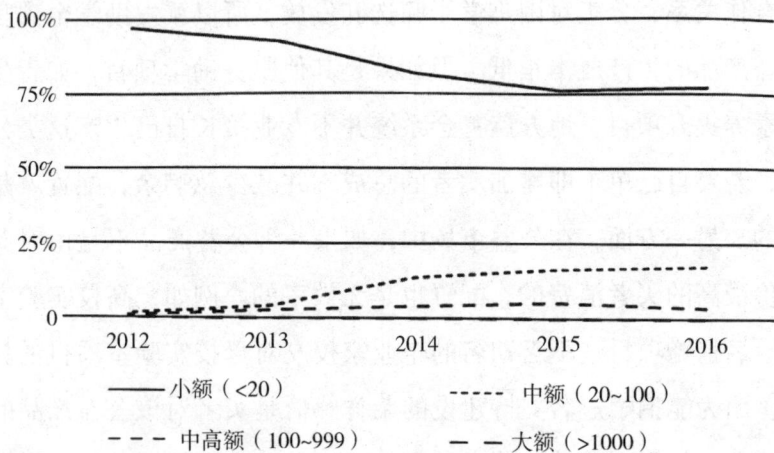

图4-3　腾讯公益捐赠额度人数占比（2012—2016）

三、为什么公益市场总是失灵

图4-4表示当市场供求达到均衡时的消费者剩余与生产者剩余。供求曲线和需求曲线到均衡点之间的总面积代表该市场的总剩余。这说明了，供求与需求的均衡使消费者剩余与生产者剩余的总和最大

---

① 陈一丹，等.中国互联网公益［M］.北京：中国人民大学出版社，2018：171-172.

化，公益市场中供求的力量可以有效地配置资源。但要推导出以上结论，其实是要建立关于公益市场如何运行的假设基础上。当这些假设不成立时，关于公益市场均衡有效率的结论可能不再正确，出现市场失灵的现象。为什么公益市场总是失灵？失灵是指市场不能有效地配置资源。以下有几个比较常见的假设。

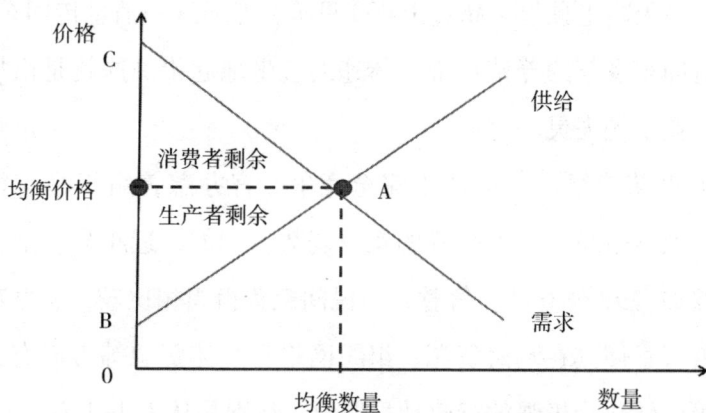

图4-4 公益市场均衡时的总剩余

（一）假设：公益市场是完全竞争的

实际上，公益市场的竞争经常是不完全的。

1. 供过于求造成的不完全竞争。公益市场本身一直都是供过于求。从供求侧看，任何国家或地区，社会问题都会存在，特别是发展中国家可以说是无限多的，那么能生产的包括教育、医疗、环保等公益产品也就无限多了。从需求侧看，我们的传统观念和法律政策都一直认为捐赠才算公益，社会组织生产的项目才算公益产品，就决定了公益的消费者稀缺。无限和有限比较，必然供过于求。

2. 市场力量造成的不完全竞争。在一些细分领域或偏远山区，只有一个买者（捐赠者、受助者）或卖者（社会企业、社会组织等）可以控制公益产品的价格。这种影响价格的能力被称为市场力量。市场的力量可以使市场无效率，因为它会使价格和数量背离供求均衡。例如，某大型慈善组织积极参与到临夏州东乡县的扶贫，举办了一次慈善晚宴倡导社会各界购买优质的东乡羊（只产于东乡县）支持消费扶贫项目。当天晚上预售了超过10000只羊，然而这一消息传回东乡县，所有卖者即东乡羊的养殖户都集体违约，坐地起价。这就是市场力量导致了公益市场失灵。

3. 官办慈善组织造成的不完全竞争。官办慈善组织享有行政特权，民间慈善组织处于不平等的竞争弱势。例如，近年来，地方慈善会积极参加"99公益日"筹款，与民间慈善组织相比较，官办慈善组织的官方背景使其在政府资源、组织网络和媒体资源等方面有天然的优势，可以转化为极强的行政动员能力。特别是从表4-1看出2019年"99公益日"筹款前十名的组织中，有5家来自慈善会系统，还有3家也是官办慈善组织，占据前八。

表4-1 2019年"99公益日"公募机构筹款排行榜

排名	2018年"99公益日"筹款排行榜	2019年"99公益日"筹款排行榜
1	中华少年儿童慈善救助基金会	中华少年儿童慈善救助基金会
2	中国社会福利基金会	重庆市慈善总会
3	上海市华侨实业发展基金会	深圳市慈善会
4	深圳市慈善会	长沙市慈善基金会
5	深圳壹基金公益基金会	陕西省慈善协会
6	爱德基金会	中华思源工程扶贫基金会
7	中华思源工程扶贫基金会	中国社会福利基金会
8	长沙市慈善基金会	河南省慈善总会

续表

排名	2018年"99公益日"筹款排行榜	2019年"99公益日"筹款排行榜
9	中国儿童少年基金会	深圳壹基金公益基金会
10	无锡灵山慈善基金会	爱德基金会

资料来源：腾讯公益

（二）假设：公益市场结果只影响买者和卖者

实际上，公益市场结果还会影响利益相关方。

1. 公益市场中的买者和卖者有其特殊性。前文已经提及过，公益市场的买者比商业市场的买者复杂得多。首先，公益市场的买者扮演着投资者和消费者的双重角色。其次，捐赠者、志愿者和服务的购买者是公益市场的主动消费者即主动的买者。最后，受助者作为公益产品的终端消费者和无偿获取者，属于被动消费者即被动的买者。我们前面关注和讨论的公益市场的买者和卖者一直是主动的买者（捐赠者）和卖者（社会组织、社会企业），实际上还有被动的买者（受助者），所以说公益市场结果至少会影响到主动和被动的买者、卖者共三方，同时影响到主动的买者和卖者之间，被动的买者和卖者之间这两层供求关系。为什么说会影响到被动的买者？根据前文提及诺贝尔经济学奖得主哈耶克提出的"消费者主权理论"，即使是被动的消费者也有权自主选择消费。但是我们卖者个别慈善组织不给受助者选择自己需求的权利。例如，我以前参加的一次慰问孤寡老人社区志愿服务，本来老人的愿望是能有一台普通电视机日常看，我们一起送了一台液晶电视机过去，半年后再去她家回访才发现那台电视机很少开，因为越高清的液晶电视机越比其他普通电视机要耗电，老人舍不得电

95

费，所以很少开电视机。那个老人明明需要普通电视机，我们却偏强加给她液晶电视机，不尊重受助者选择的权利，造成公益市场的资源错配浪费从而发生失灵。

2. 在现实世界中，买者和卖者的决策有时会影响那些根本不参与公益市场的人。公地悲剧是公益市场结果影响不参与市场的人产生负作用。这种负作用被称为负外部性，它使公益市场总剩余还要取决于买者的捐赠预期评价和卖者的公益产品生产成本之外的其他因素。由于买者和卖者在决定消费和生产时并没有考虑这种负作用，所以，从整个社会的角度看，这样的公益市场均衡可能是无效率的。例如，摩拜单车这家社会企业（2017 年，入围首届"中国社会企业奖"）作为卖者提供的公益产品是共享单车的服务，减少碳排放量和雾霾污染，缓解交通拥堵，解决城市公交最后一公里的出行问题，有益骑行者身体健康。而买者则是我们愿意付费骑行的市民。即便不仅买卖双方获益，很多利益相关方也获益特别是绿色环保方面，但是共享单车乱停乱放的公地悲剧问题一度成为负外部性问题。

综上所述，我们不难发现公益市场总是失灵的原因。以上提及的两个假设显然在现实的公益市场是难以成立的，也就是说难以实现公益市场均衡的理想状态，那么我们可以有怎样的政策或模式创新才能有效地纠正公益市场失灵呢？我想这需要我们进一步实践研究。

四、公益市场是通货紧缩还是通货膨胀

通货膨胀是货币贬值、物价普遍增长的过程；通货紧缩是货币升值、物价普遍下降的过程。按传统经济学理论，一个国家在一段时期的宏观经济形势预期要不整体通货膨胀要不整体通货紧缩。经济学家

们广泛使用"货币数量论"［货币流通量（M）乘以货币流通的速度（V），等于一个社会里货物的总量（Y）乘以平均物价（P），即 MV＝PY，即 P＝MV/Y］这个理论框架来分析通货膨胀和通货紧缩的现象。

但是，一个国家的经济领域是多元化的，不是整体通货膨胀、整体通货紧缩的，通货膨胀和通货紧缩也是"结构性"的。一般都以刚性需求和弹性需求来进行区分。在经济不好的时候，一般"弹性需求"即可买可不买的东西，例如奢侈品、香水等都会通货紧缩，但"刚性需求"即任何时候必须买的东西，例如生活必需品大米、食盐等不会通货紧缩，而是跟随纸币购买力稳定通货膨胀，甚至在遇到"供给短暂不足"时，还会在通货紧缩背景下"逆势"加速通货膨胀，形成一种"反市场逻辑"的通货膨胀。① 同样，我们当下的公益市场是通货紧缩还是通货膨胀是非常值得我们思考研究和探索实践的。

（一）"弹性需求"的公益产品

公益市场的传统公益产品绝大多数是可买可不买的"弹性需求"的东西，例如，贫困大学生助学金等项目，即使主动消费者不埋单这类公益产品，也不会对被动消费者的状况有非常大的影响，大学生照样可以申请免息的助学贷款，在毕业后工作一年也能还清贷款。所以说，在经济不好的时候，参考"货币数量论"P＝MV/Y，公益资本的流通量（M）下降，传统公益产品都是单一资助，流通速度（V）慢，假设社会的公益产品总量（Y）不变，公益产品的物价

---

① 引自：中宜教育戴斌老师于 2023 年 2 月经济素养班的课件《通货膨胀与通货紧缩同时存在的情况》。

（P）会下降，因此，公益市场充斥着"弹性需求"的传统公益产品都会通货紧缩。

（二）"刚性需求"的公益产品

那么，公益市场中什么样的公益产品是任何时候必须买的"刚性需求"的东西？首先，这样的公益产品一定能引导商业资本向善流动，或者促进公益资本循环可持续；其次，这样的公益产品一定不是单一资助，而是系统性或持续性解决社会问题或参与社会议题的方案，公益资本用在刀刃上能撬动更多社会力量即加速流通；最后，这样的公益产品的物价会因为供给不足而上涨。例如，结合公益营销设计的现代公益产品，一方面引导了企业为了自身要创新模式提高销售的"刚性需求"从而促进了商业资本向善流动，另一方面激活了当下中国消费者希望用公益消费对社会议题进行投票的新"刚性需求"，促进公益资本"变现"赋能商业可持续。2022年4月，安永在《未来消费者指数》报告中指出：中国消费者对未来预期相对乐观。消费体验、可持续发展、品牌价值观等消费诉求逐渐超过传统诉求，成为影响消费行为的重要因素。该报告中展示了五项消费者关注的议题：1. 爱护地球；2. 性价比优先；3. 体验至上；4. 健康优先；5. 关心社会。①由此可见，现代公益产品的物价对于消费者心理账户而言必然是上涨的。因此，参考"货币数量论"$P = MV/Y$，无论经济好不好，公益营销促进了商业资本向善流动即促进了公益资本的流通量（M）上升，公益消费回应社会议题的方式比起传统公益产品的单一资助更能促进公益资本可持续即流通速度（V）快，假设社会的公益产品总量

① 网页来源：https：//zhuanlan.zhihu.com/p/515148230.

（Y）不变，公益产品的物价（P）也会因心理账户而上升，因此，公益市场充斥着"刚性需求"的现代公益产品就会通货膨胀。

综上所述，公益市场是通货紧缩还是通货膨胀取决于公益产品的供给是弹性需求还是刚性需求。

第五章　公益市场的竞争

我们往往以为新技术推动商业革命，但真正革命性的举措是发掘新技术的经济潜力，即创造新的商业模式。同样，我们要落地商业向善，我们要如何用公益视角发现业务与社会痛点的结合点的经济潜力，再创新商业模式。

我们现在公益市场的竞争并不是公益资源的竞争，而是效率的竞争；并不是存量市场的竞争，而是创新开发增量市场的竞争。所以，我们公益市场主体也借鉴诸多商业管理理论，同样商业市场主体也可以借鉴公益行业的核心价值理念或模式，各自找到自己的定位、机会和适合自身发展的竞争战略，用于提升效率和社会创新，从而融合商业和公益，共同持续地创造更多的公益产品，实现更大的社会价值。那到底我们在公益市场中要如何运用各种理论进行开发增量的竞争呢？此处提出公益创业、商业向善、善财传承等方法论供各位读者借鉴。

一、公益创业：把发现社会问题看作机会

管理学家彼得·德鲁克提到，任何一个机构，它对社会所要承担的责任可能来自两个领域：一个是机构对社会的影响，另一个是社会本身的问题。① 关于这一观点，长江商学院朱睿老师在其所著的《未来好企业》中做了解读，她认为对于第一个领域，无论是企业有意造成还是无意造成的，首先，管理者要识别企业对社会的各种影响并对其承担责任。其次，要消除各种影响或者把它转变为对企业有利的机会。对于社会本身存在的问题，企业可以把社会问题看作企业的机会。在把社会问题转化为企业机会的过程中，最有意义的机会可能不是来自新技术、新产品和新服务，而在于社会问题的解决，即社会创新。从企业的发展历程来看，社会变革和社会创新与技术创新同等重要。② 简而言之，消除负面影响或把社会问题看作机会。这恰是我们要进行公益创业的方法论之一。

公益创业，即借助创新、创造产品、组织以及实践生产和维持社会效益等来追求社会目标，③ 其组织形式可以是社会组织、社会企业甚至是政府部门等。不同于传统的慈善捐赠，公益创业是一种理性向善的选择，以理性发现社会问题和寻找社会的痛点、盲点和新需求来选择公益创业项目，追求创新拓展增量的公益市场。以下我将进行具体阐述。

---

① 彼得·德鲁克. 管理：使命、责任、实务 [M]. 北京：机械工业出版社，2006：335.

② 朱睿，李梦军. 未来好企业 [M]. 北京：中信出版集团，2020：34-35.

③ 郭超，沃尔夫冈·比勒菲尔德. 公益创业 [M]. 上海：上海财经大学出版社，2017：11.

（一）解决社会"痛点"

所谓的社会"痛点"即红海市场，整个社会已经意识到"这个领域的重要性"，整个社会有很多人一直在做，但却一直"没彻底做好"的"那个点"。例如以下行业痛点：

1. 教育行业。整个社会都意识到"素质教育"的重要性，发现"优质教育资源不充分、不均衡"问题。

2. 乡村产业。整个社会都意识到"优质农产品出村"的重要性，发现"乡村产业振兴难"问题。

3. 文创行业。整个社会都意识到"精神娱乐消费"的重要性，发现"传统文化传承或活化难"问题。

案例：乡村笔记——用教育连接城乡

乡村笔记创立于 2017 年 9 月，是一家基于"人"连接城乡，助力共同富裕的社会企业。团队秉承创新实干的精神，希望从读懂乡村、服务乡村、建设乡村三个维度，投身乡村振兴的方方面面，拥抱一个更温暖的中国。乡村笔记解决的核心问题是城乡彼此看见。具体做法是，从城市到乡村，乡村笔记结合自主招生、出国留学、红色之旅、社会实践做研学、游学；从乡村到城市的公益项目，乡村笔记帮助乡村孩子做职业发展和生涯规划。归根结底，乡村笔记想要城乡之间彼此看见。如果只是简单地让城里人看看农村以及农村人看看城市，大家会缺乏参与的意愿。乡村笔记巧妙地利用教育上的痛点，将城市与乡村连接在一起。

痛点是什么？城市孩子的痛点是升学。他们有素质教育的相关需求：出国留学需要参与更多社会实践和公益活动；如果在国内考大学，需要红色之旅、志愿服务等。乡村学校校长最大的痛点是如何让孩子不玩手机、不打游戏，保持学习动力。痛点要如何解决？归根结底，孩子们如果想考大学或者要实现某个人生目标，就要好好读书。实质上，乡村笔记做的是连接。2015年至今，乡村笔记为超过38970名乡村学生带去了素质教育课程，发行梦想职业教育手册，受益学生预计超过10万名。乡村笔记开设的项目覆盖全国11个省115个县，累计带入乡村人数49323人，服务323个村，累计带动就业235人，累计增加创收1052万元。

案例：臻碧乡——搭建连接城乡桥梁，助力乡村产品走进社区

臻碧乡是2018年由国强公益基金会全资投资的以解决农村土地荒废、乡村产业单一、农产品市场渠道缺乏等社会问题为宗旨的社会企业，从脱贫攻坚时代做农产品转化解决农产品的滞销问题，到现在探索打造乡村振兴"共富模式"："乡村建设+乡村治理+产业运营+人才赋能+农产品研发与营销"。累计转化帮扶产品超1000款，销售额约5.3亿元，惠及超过20万农户。2018年至2022年，产值已达10.6亿元，实现分红超800万元，所获得的利润分红再投入社会公益和支持社会企业发展。近年来荣获了"中国金牌社企""广东省消费扶贫突出贡献单位"等称号。

广东省英德市鱼咀村的乡村振兴项目是国强公益基金会乡村振兴的一个示范项目，但只能算1.0版本。因为这是一个古村落，早期2017年的投入完全是基于国强公益基金会当时做扶贫捐赠的资金来支出的，前后投入了1亿多元的建设资金进行古村改造和民宿修建。但民宿建好后的痛点是要可持续运营，具体要怎么做呢？于是，国强公

商业模式

以"政府+村委+企业+合作社+村民"的合作模式，实现鱼咀村乡村振兴项目发展。

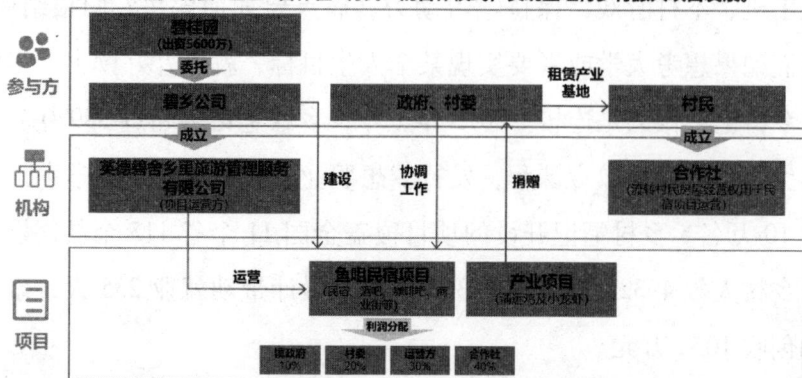

图 5-1 英德鱼咀村乡村振兴项目①

益基金会的子公司臻碧乡通过在当地设立项目公司碧舍乡里作为运营方参与整个鱼咀民宿项目的运营，但项目利润则按照"1234"进行分配，即镇政府 10%、村委 20%、运营方 30%、合作社 40%，建立起了比较科学合理的权责和利益分配机制，该合作模式非常好地调动了政府、村委、企业、合作社和村民的积极性，共同参与项目管理，特别是有了专业专职的管理团队，其中总经理是碧桂园酒店的管理骨干，其余员工都是当地人接受专业酒店管理培训后才能上岗。（如图 5-1）

从项目成效看，2019—2021 年项目累计实现营业额为 1216 万元，村集体累计实现分红为 50 万元，特别是 2021 年发放劳务费用达到 254 万元。该民宿项目解决了当地村民家门口就业问题，为村民提供了 20 个工作岗位；村集体及村民收入明显提升（2017 年，贫困户人均可支配年收入 2500 元，村集体年收入 2.6 万元；2019 年，贫困户人均可支配年收入增长至 1.6 万元，村集体年收入增长至 22 万元）；吸

① 引自：广东省国强公益基金会 2023 年 6 月的对外介绍资料。

引了 15 名外地务工青年返乡创业；项目整体移交给当地村民还是可以可持续运营的。

图 5-2 信宜"五位一体"乡村振兴项目①

在广东省信宜市，信宜"五位一体"乡村振兴项目的产业振兴新模式，是国强公益基金会的 2.0 版本的乡村振兴项目。（如图 5-2）项目痛点是当时的政府有产业升级的需求，就是当地有一种水果叫作三华李，没有怎么规范化的管理，村民零零散散种植，销售渠道比较单一，产业技能、电商技能、品牌意识等方面都是比较薄弱的，当地对初创企业的培训指导和孵化机制也是不完善的。当时"银妃"作为一个地标品牌，品质标准、包装设计、分级等没有统一规范，品牌化不明显。于是，前期由国强公益基金会投入了 500 万元，有一部分来自基金会自有的捐赠资金，有一部分来源于碧桂园集团，成立了信宜双合电商中心，同时获得超 1000 万元政策配套资金，在数字农业、品牌打造、产品深加工、产品销售和人才赋能方面，都有进行整个系统化

---

① 引自：广东省国强公益基金会 2023 年 6 月的对外介绍资料。

的提升。

例如，在数字农业方面，臻碧乡和信宜市政府签署数字乡村建设战略合作协议。双方将电商运营服务体系、品控溯源体系、数字乡村治理体系、数字农业生产体系等板块展开合作。搭建起针对信宜农产品产、供、销全过程管理开发的集标准化种植、全链条品控溯源、综合技术提升、政府监管等功能于一体的数字化平台。值得一提的是产品深加工，延链溢价。通过市场调研、大数据分析，选定果酒、果茶、健康零食作为三华李精深加工研发方向，目前果酒已投产。还有，产品的销售渠道的搭建，这也是臻碧乡着重去做的。臻碧乡通过搭建渠道（含连锁商超、经销体系、电商平台等），同时发挥碧桂园关联资源优势，在三华李销售期为 5 至 6 月份（约一个半月），实现三华李鲜果销售超 100 吨，三华李果酒销售过万瓶，助力当地三产融合，带动农户创收。因为这个项目案例是正在推进的，有一些数据和成果还在陆续实现。

（二）发现社会"盲点"

所谓的社会"盲点"即蓝海市场，就是那些"暂时未被发现，或暂时被忽视"的市场需求。因为现在的人类社会，其实市场已经高度专业化细分，所以潜在的"盲点"已经不多了，大部分有商业机会的领域，都会有人去尝试。所以，绝对的盲点并不存在，只有相对被忽视的所谓盲点有可能存在。例如以下行业盲点：

1. 养老行业。老人或残疾人成为数字社会的"盲点"。例如，许多医院目前实行"预约制"，入院前需要在网上预约挂号，在某些特殊时期，出入医院甚至还需要扫码。如何开发"适合老人、残疾人"

的数字社会服务体系，成为社会需求的盲点。例如，联谛科技，这是一家信息无障碍坡道的搭建者，有兴趣的伙伴可以进一步详阅毛基业、赵萌、王建英等著的《社会企业家精神（第二辑）》。

2. 金融行业。很多机构都是以服务客户投资理财为主。但全球很多高净值客户的财富归属是用于家族财富传承和公益慈善用途，而国内这个需求在近些年都是上升趋势，这个需求就是所谓的"盲点"。

案例：中华遗嘱库——推动遗嘱进入每个中国家庭

中华遗嘱库是由中国老龄事业发展基金会和北京阳光老年健康基金会于 2013 年 3 月 21 日共同发起主办、由北京阳光老年健康基金会承办的公益项目。中华遗嘱库的使命是"推动遗嘱进入每个中国家庭"。中华遗嘱库为年满六十周岁、家庭资产不超过一套房的老年人提供免费遗嘱咨询、登记和保管服务，同时面向社会提供专业市场化服务。简而言之，中华遗嘱库的公益项目是仅针对符合以上公益遗嘱办理条件的老年人提供公益的服务，超出公益范围的人就必须要商业收费，而将收到的这个费用再次用来支持公益的发展，成立以来，已经达成了收支平衡。

中华遗嘱库建立了一整套符合法律规定的软件和硬件流程，通过专业登记软件，借助人脸识别、身份验证、精神评估、密室登记、指纹扫描、现场影像、专业见证、文件存档和保密保管及司法备案等功能，使遗嘱人订立遗嘱的真实性得到了有力保障。2018 年起，中华遗嘱库系统接入"司法电子证据云平台"，通过区块链技术进行备案，可供法官在庭审中直接查看和核验。涉及诉讼和公证的，中华遗嘱库还将依法为当事人出具证明文件。

中华遗嘱库的遗嘱已经受到各级部门和机构的广泛认可。截至

2022 年底，已有 91 份涉中华遗嘱库遗嘱判决书在最高人民法院中国裁判文书网公示，所有遗嘱全部被认定真实合法有效。此外，公证处、公安派出所、拆迁办、不动产登记中心等单位在办事过程中也会根据中华遗嘱库出具的证明为居民办理相关事务。截至 2022 年底，中华遗嘱库已在全国设立 60 个服务中心，向社会提供遗嘱咨询 376127 人次，登记保管 251322 份遗嘱，遗嘱生效 6362 份。中华遗嘱库已经获得北京市社会建设专项资金支持，获得首届"首都慈善奖"。

（三）满足社会"新需求"

所谓的社会"新需求"即还没有完全浮现出来的市场。现在还没有需求（或者还没有太大的需求），但在未来会出现的"需求"。发现这种需求，需要极强的前瞻性思考能力和前瞻性行动力，愿意提前布局这个需求。例如以下"新需求"：

1. "区块链技术"与"实体经济"的相互融合，包括出现慈善区块链普及就是未来信用社会的"新需求"。

2. "无人驾驶"就是未来人工智能社会的"新需求"。

3. "碳排放权的交易"就是未来金融体系的"新需求"。

4. "陪伴经济"就是在陌生人社会中，社会孤独感越来越强所形成的"新需求"。

5. "公益消费"就是年轻一代越来越重视公益消费体验、反馈和期待所形成的"新需求"。

案例：EASIN 国际义工旅行——爆款公益消费品制造商

EASIN 国际义工旅行成立于 2015 年，是一家致力于通过旅行者的力量提升全球公益效能的社会企业。通过让旅行者在旅行中多响应公益议题并承担力所能及的社会责任，通过联合行动与工作坊深度理解可持续发展议题，在体验当地风土人情的同时为公益机构带来增收，也种下社会责任的种子，培养世界公民视野，在未来各行各业创造向善改变。

EASIN 国际义工旅行在中国国内有四川熊猫保护与非遗、长沙东北虎保育调研、湘西凤凰留守儿童公平教学、香格里拉公平教育与生态保护、青海马背骑行公民科学、西藏公民科学家生态保护、新疆狼群保护调研、西双版纳大象保护调研、大理候鸟保护等项目，国际上有巴厘岛珊瑚种志愿教学、斯里兰卡关于海龟保护调研、泰国大象保护、肯尼亚公平教育与野生动物保护调研、马来西亚兰卡威海洋保护、冰岛气候变化调研（冰川）、北极气候变化调研、菲律宾潜水考证+海底清洁、摩洛哥沙漠种植等项目。

EASIN 国际义工旅行项目是将公益与旅行做了叠加，让旅行者深度体验的同时，公益得到了资金、人力、传播的帮助，企业还获得了比旅游行业更高的收益。EASIN 国际义工旅行通过旅行+公益的义工旅行模式，为全球 260 个 NGO 带来了每年超过 5000 名的旅行志愿者。全网覆盖用户数超过 300 万人，矩阵账号突破 1000 万粉丝，疫情前年营收过千万元。国际义工旅行不仅只做一种公益消费品，而且已经在潮玩、食品、首饰、美妆、宠物等 20 多个不同领域的社会责任项目走向市场化运作，做出了成功的公益消费品，实现可持续资金来源。例如，孵化"云养导盲犬""双向治疗动物医院""动物公民"等多个公益消费品 IP，为企业提供营销向善咨询服务。项目获得 2020 年社会价值投资联盟共创营总冠军、社创之星年度总冠军。

二、商业向善：发现企业业务与社会问题的结合点

关于商业向善，我们大多数人都会把 CSR① 和 ESG② 的指标作为评判标准。IBM（国际商业机器公司）商业价值研究院对全球 250 位企业主管调查发现，许多企业早已了解到 CSR 的重要性，并付诸实践。当公司谈到 CSR 和 ESG 时，往往会将其描述为慈善事业。68% 的企业都将 CSR 当作一种机会和增长平台而加以利用。超过一半（54%）的企业主管相信，他们公司的 CSR 活动已经为他们提供了超过顶尖竞争对手的优势。如图 5-3，IBM 的研究发现，随着公司沿着价值曲线从左到右移动，CSR 在核心企业战略中的集成度越高，它带来的回报也越大。

"现代营销之父"菲利普·科特勒提到过"优秀的企业满足需求，杰出的企业创造市场"的观点。他表示，"我心中伟大的企业是那些致力于挣钱并解决社会问题的企业。"在其所著的《企业的社会责任》一书中，他提出，目前企业参与社会活动已经得到一系列的实际利益，包括销售额和市场份额的增长，品牌定位得到巩固，企业形象和影响力得到提升，吸引激励和保留员工的能力得到提高，运营成本降低，对投资者和财务分析师的吸引力增大等。现在企业不仅要"做好事"，而且应该反思如何把好事"做好"。因此，他认为，企业要想把好事

---

① CSR 全称是 Corporate-Social-Responsibility，即企业社会责任。所谓企业社会责任是指企业在创造利润，对股东负责的同时，还应承担起对劳动者、消费者、环境、社区等利益相关方的责任，其核心是保护劳动者合法权益，广泛包括不歧视、不使用童工、不使用强迫性劳动、安全卫生工作环境和制度等。

② ESG 是环境（Environmental）、社会（Social）和公司治理（Governance）的缩写。这三方面之下细化的各种指标体系，被公司用来规范和监督自身行为，是责任投资（PRI）对于企业或资产的考量标准。

增长平台

基于价值的
自我调节

战略性的
慈善事业

效率

赢得可提供收入的新
市场、新合作伙伴或
者产品服务创新

遵守法律
法规

加入公司的价值系
统和行为准则，指
导企业行为

通过效率或者双
赢局面实现大幅
度的成本节约

将慈善活动与支
持企业目标的社
会问题挂钩

遵守生产、运营与
销售所在国家地区
的法律

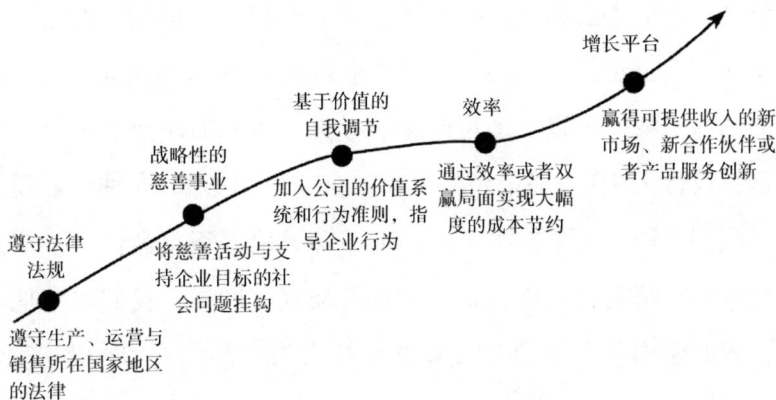

图 5-3　IBM 商业价值研究院：
《履行企业社会责任，实现持续增长》2007

做好，首先应该选择一个与企业使命和产品协调一致的社会问题，其次为支持这个问题选择一种活动，最后制定和实施活动的计划并评价成果。[①]

简而言之，选择一个与企业使命和产品协调一致的社会问题，发现企业业务与社会问题的结合点。这恰是我们要引导商业向善的方法论之一。长江商学院朱睿老师则更进一步对商业向善即企业共益实践构建了三部曲模型：首先企业需要一个共益的价值观，其次寻找并发现业务与社会痛点的结合点，最后全方位制度保障。[②]

商业向善是指商业企业致力于解决社会和环境问题，开发与主营业务或服务相关联的项目，在取得创新性的社会和环境影响力的同时，为公司创造财务和商业回报。[③] 企业的这种产生正外部性的商业

① 菲利普·科特勒. 企业的社会责任［M］. 北京：机械工业出版社，2011：推荐序.
② 朱睿，李梦军. 未来好企业［M］. 北京：中信出版集团，2020：39-49.
③ 干货速递丨一张图读懂商业向善［EB/OL］. 社会企业与影响力投资论坛，2020-07-24.

行为就是商业向善。商业向善的实质是商业模式的创新，商业模式描述了企业如何创造价值、传递价值和获取价值的基本原理。关于商业模式的创新，我们可以更多地详阅学习奥利弗·加斯曼等著的《商业模式创新设计大全》，书中介绍了成功企业都离不开 63 种商业模式或组合。我们往往以为新技术推动商业革命，但真正革命性的举措是发掘新技术的经济潜力，即创造新的商业模式。同样，我们要落地商业向善，我们要用公益视角发现业务与社会痛点的结合点的经济潜力，再创新商业模式。我们在这里主要借鉴《商业模式新生代》一书中商业模式画布的九个模块如图 5-4① 来寻找和发现商业向善的创新模式。

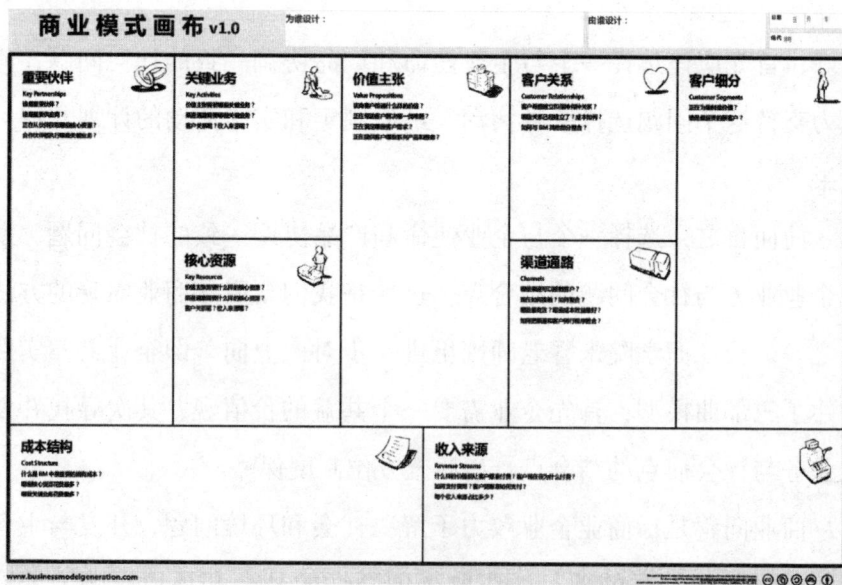

图 5-4　商业模式画布

---

① 亚历山大·奥斯特瓦德，伊夫·皮尼厄．商业模式新生代 [M]．王帅，毛心宇，严威，译．北京：机械工业出版社，2013：4.

（一）创新客户细分

客户细分构造块用来描绘一个企业想要接触和服务的不同人群或组织。客户构成了任何商业模式的核心。

一般企业会问：我们正在为谁创造价值？谁是我们现在最重要的客户？但要创新客户细分，找到商业向善的模式，就要继续追问：我们还能为谁创造价值？谁是我们未来最重要的客户？我们对哪些细分客户提供公益服务创造社会价值？创造的社会价值如何反哺或协同支持经济价值的共同创造？关于创新客户细分，我们可以参考社会企业认定平台（CSECC）对于社会企业的行业对应了国民经济行业分类（GB/T 4754-2017），将其所关注的社会领域及受益人群分为 16 大社会领域、14 类受益群体。具体如图 5-5[①] 所示：

图 5-5　社会企业行业认定的社会领域和受益群体

然后以优势视角理论（"优势视角"是一种关注人的内在力量和

---

① 资料来源：社会企业行业认定手册（社企行业认定平台 2021 年 11 月）12-13.

优势资源的视角。优势视角要求社会工作者不是孤立或专注集中于问题，而是看到服务对象的内在潜力和可能性。①）出发，找到和激发我们公益产品的被动消费者也能通过自己优势进行支持和回馈，包括付费或付劳动力或付流量数据或付口碑传播或未来有能力后再付费等形式。

案例：创新客户细分——爱尔眼科将"城市中产作为细分客户"拓展为"将城市中产和低收入人群都作为细分客户"②

据原国家卫计委统计，在我国，70%的眼科医生集中在大中型城市，而70%的眼病患者却分布在地级以下基层地区。由于缺乏健康意识、医疗路径以及就诊资金，基层眼病患者，尤其是处于偏远地区的贫困眼疾患者未能得到及时的诊疗救治，导致我国成为世界上盲和视觉损伤患者最多的国家之一。

如何让所有人，无论贫穷富裕，都享有眼健康的权利，让人人都能享有负担得起的基本眼科医疗服务？结合中国国情，爱尔眼科给出的答案是：分级连锁+交叉补贴。

在分级的基础上，为高端病人提供高端服务，用高端医疗服务所获的利润补贴低收入群体，为金字塔底部人群提供低收费甚至不收费的眼科普惠手术，从而低成本、大规模地有效解决中国防盲治盲问题，逐步消除可避免的视力损伤。

所谓分级连锁是指爱尔眼科的医院布局，采取的是"中心城市医院—省会城市医院—地级医院—县级医院"的模式，不同层级的医院

---

① 全国社会工作者职业水平考试教材编写组. 社会工作综合能力［M］. 北京：中国出版社，2016：113.

② 爱尔眼科：在分级连锁的基础上，交叉补贴贫困患者［EB/OL］. 财经网，2019-12-12.

拥有不同的功能定位。

具体而言：北上广深以及区域性的省会城市作为一级医院，定位于国际一流水平，是带动公司医疗水平前进的火车头；省会医院作为二级医院，是省区的疑难眼病诊疗中心；地级市医院作为三级医院，代表当地眼科最高水平，覆盖全市数百万人口；县域医院作为四级医院，是集团的"毛细血管"和基层眼科中心，旨在解决大多数基础眼病。

基于爱尔眼科四级医院之间衔接紧密的眼科医疗网络，交叉补贴水到渠成。其利用提供国内外知名眼科指定专家就诊、全球同步诊疗、VIP高端一对一住院等高端医疗服务所获的利润，补贴低收入群体，为金字塔底部人群提供低收费甚至不收费的眼科普惠手术，满足他们基本的眼科需求。例如：白内障、先天性小儿眼病、角膜盲症等眼疾患者，即使支付能力较低同样能够享有满足迫切需求的优质医疗保健服务。

在分级连锁+交叉补贴的模式下，上级医院可以给下级医院提供技术支持，下级医院的疑难患者可以得到集团专家内部会诊或转诊到上级医院，无论在哪家医院都有据可查，有效提高了诊疗效率，使得基层患者也能尽早解除眼疾困扰，改善健康与生活质量。

商业向善模式：我根据爱尔眼科的公开信息构建的商业向善项目实施的具体模式如图5-6所示。爱尔眼科通过为较高收入人群提供收费的专业服务来补贴为低收入人群提供性质标准同样专业但免费的公益服务。然后，爱尔眼科通过和当地慈善组织合作落地公益服务项目对外通过媒体宣传传播当地和在社区增强信誉，对内吸引高端人才、投资者和提高员工的使命感和专业业务精进，从而赢得了患者的信

爱尔眼科商业向善模式：

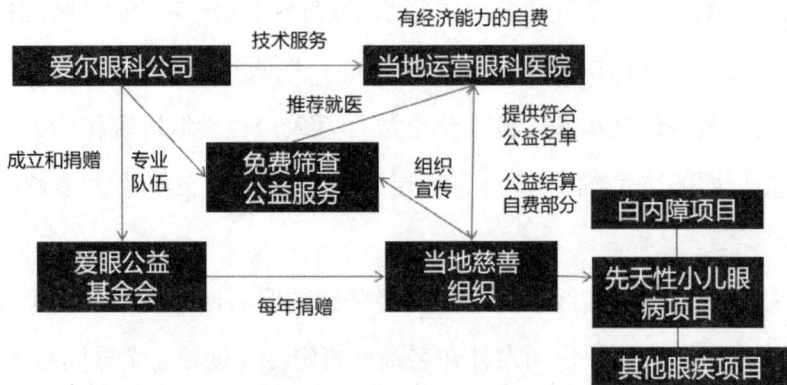

图 5-6　爱尔眼科商业向善模式

赖，提升了口碑，扩大了影响力，从而吸引了更多的客源，推动医院得以规模化、可持续发展。

（二）创新价值主张

价值主张构造块用来描绘为特定客户细分创造价值的系列产品和服务。价值主张是公司提供给客户的受益集合或受益系列。

一般企业会问：我们该向客户传递什么样的价值？我们正在帮助我们的客户解决哪一类难题？我们正在满足哪些客户需求？我们正在提供给客户细分群体哪些系列的产品和服务？但要创新价值主张，找到商业向善的模式，就要继续追问：我们的价值主张是否可以和联合国17项可持续发展目标（如图5-7所示）或者和《慈善法》关于慈善活动范畴相结合？客户在消费产品和服务时会认知到我们的价值主张吗？关于创新价值主张，我们可以借鉴定位理论，如何把产品或服务的价值主张创新和消费者心智中已有的公益认知重新连接。艾·里斯和杰克·特劳特在其所著的《定位》中提出，"定位的基本方法不是创造新的、不同的事物，而是调动心智中已有的认知：重新连接已经存在的联系。简而言之，一个商品是什么不重要，重要的是，它在消费者的认知中是什么。"① 他还总结了消费者的五大心智模式：消费者只能接收有限的信息；消费者喜欢简单，讨厌复杂；消费者缺乏安全感；消费者对品牌的印象不会轻易改变；消费者的注意力容易失去焦点。鉴于此，创新价值主张最有效简单的办法是第一个进入这个公益市场，或者寻找公益市场的空位进入，或者人为制造公益市场的空位进入。而在中国商业向善的企业，我们都要特别重视公益产品的消费者，包括政府，这就要求我们创新价值主张必须政治正确，提高政治站位、提升道德水平与思想觉悟、构建新型亲清政商关系，紧紧围绕党和政府的大政方针。

案例：创新价值主张——唯爱工坊将"销售有商业价值的名牌时尚消费品"改为"倡导销售经济和社会双重价值的时尚的非遗文化公益产品"②

2017 年 5 月，唯品会正式启动专注于非遗活化与传承的电商公益平台——唯爱工坊。唯爱工坊是唯品会全力打造的专注于非遗活化和传承的电商公益平台。通过行业联合指导、非遗人才培养、非遗时尚产品打造、电商公益售卖等举措，推动非遗现代生活化、时尚商品化和发展可持续化，并实现对手艺人的帮扶，获得可持续的收入。

---

① 艾·里斯，杰克·特劳特. 定位 [M]. 邓德隆，火华强，译. 北京：机械工业出版社，2021：1-7.

② 探索"非遗+电商"的 N 种可能 [EB/OL]. 财经网，2019-12-17.

图 5-7 联合国可持续发展目标

唯爱工坊以"电商+非遗+时尚+扶贫"为核心,以"见人见物见生活"为手法,为非遗活化和精准扶贫提供了很好的参考方向。"见人"即保护非遗文化的核心在于传承人,通过"唯爱·妈妈制造合作社"培育非遗匠人,让非遗后继有人;"见物"则是传承载体在于物,唯品会引入时尚设计资源,打造符合现代审美与实用需求的非遗产品;"见生活"在于回归生活,唯品会发挥电商平台优势,免费为非遗产品提供流量和成熟的电商精准销售运营,让其重回大众视线。

运行两年多,已经联合 20 多个品牌和众多设计师推出蜡染、苗绣、彝绣、花丝镶嵌等 30 种非遗技艺的 200 余种数万件非遗时尚产品上线,精准对接到 14 个国家级贫困县,并在全国捐建 11 家"唯爱·妈妈制造合作社",为 5000 多名绣娘带来超过千万的收入。不仅如此,唯爱工坊还引领了非遗新经济消费的风口,详见《2019 年非遗新经济消费报告》①。非遗手艺人逐渐年轻化。唯爱工坊的统计数据显示，其第二年度合作的非遗手艺人数量，较第一年度增长7倍，其中95后手艺人大幅增加，占比49.5%，而00后手艺人也小荷露出尖尖角，占比5.3%。非遗消费人群年轻化、普及化趋势，且年轻一代对非遗产品的溢价认知不断提升。目前，唯爱工坊的80后消费者占比47.3%，客单价为230元；而占比18.4%的90后用户，客单价更达到235元。非遗消费成为当代消费新风尚。2019年全国首份非遗新经济消费报告显示，近五成消费者开始主动搜索和了解非遗产品；超七成唯爱工坊消费者表示愿意为非遗产品溢价付费，在购买动机上，非遗产品的文化内涵和设计更受关注。非遗产品市场化加速，市场接受度不断提高。唯爱工坊设计不断优化，美感和实用性提升，生产成本降低，产品价格亲民化，第二年度销售额为第一年度的14.8倍，其纯手工的温度、价值与文化底蕴所产生的高溢价认知，让非遗产品市场接受度显著提高。

商业向善模式：唯品会的企业使命是传承品质生活，提升幸福体验。唯品会通过唯爱工坊创新价值主张从销售有商业价值的名牌时尚消费品转变为倡导销售经济和社会双重价值的时尚的非遗文化公益产品，其价值主张创新不仅仅是积极响应了国家的精准扶贫号召，更是对其企业使命的升维回应，与消费者心智上的公益认知（支持消费扶贫和喜欢时尚的非遗）建立连接，三者和市场业务、社会需求相结合，开通电商扶贫频道"唯爱工坊"，首先探索出"电商+非遗+时尚+扶贫"的电商公益平台新模式最先进入人们的心智的品牌，不仅仅推出时尚的非遗文化公益产品，帮助非遗手艺人增收和传承，同时助

---

① 95后消费者认可非遗时尚，这样的国潮你追吗［EB/OL］. 搜狐网，2019-06-10.

力了品牌年轻化，拓展满足了年轻消费者新需求和提升口碑及黏性，还引领了非遗新经济消费渐成风尚。

（三）创新渠道通路

渠道通路构造块用来描绘公司是如何沟通、接触其客户细分而传递其价值主张。渠道通路是客户接触点，它在客户体验中扮演着重要角色。

一般企业会问：通过哪些渠道可以接触我们的客户细分群体？我们现在如何接触他们？我们的渠道如何整合？哪些渠道最有效？哪些渠道成本效益最好？如何把我们的渠道与客户的例行程序进行整合？但要创新渠道通路，找到商业向善的模式，就要继续追问：能否通过公益慈善活动帮助新客户提升企业产品和服务的认知？能否通过志愿服务或公益项目等方式把价值主张传递给更多客户？能否通过公益社群的连接和服务协助客户购买特定的产品和服务？关于创新渠道通路，我们可以借鉴公益营销理论。所谓公益营销，又称善因营销，一切与慈善和公益实业相关的广告、促销、公共关系、直销和赞助活动，都可以被称为"善因营销"。[①] 简而言之，就是慈善组织与企业联合开展带有公益元素的营销活动。公益营销的策略主要有品牌渠道共享营销、客户群体共享营销等。

案例：创新渠道通路——宝洁中国将"传统商业广告营销渠道"改为"口腔保健教育公益项目渠道"

2005 年，宝洁旗下佳洁士品牌推出在中国的全新的品牌战略定位——"健康自信，笑容传中国"，并启动了佳洁士"笑容传递爱心"

---

① 苏·阿德金斯.善因营销 [M].逸文，译.北京：中国财政经济出版社，2006：9.

公益行动，投入200万元，用于捐赠现金和佳洁士口腔护理产品，同时鼎力支持由民政部发起的救助孤残儿童的"明天计划"行动，在全国600多个商店举办以"健康自信，笑容传中国"为主题的笑容传递爱心活动，邀请每一位消费者免费拍下一张笑容照片，并代其向"明天计划"捐赠一元钱。此活动已在全国征集了四十多万张笑容照片，活动仍在继续中。佳洁士将向"明天计划"资助的几十家福利院捐赠口腔护理现金及佳洁士专业口腔护理产品。此外，佳洁士还将邀请专业牙医为院内孤残儿童进行免费的专业口腔检查，讲解口腔健康知识，并为他们举办丰富多彩的活动。[①] 由此可见，这些口腔保健教育公益项目对于迅速传递佳洁士新的战略定位起到"软渠道"的影响力，从而赢得了广大消费者的青睐，在中国口腔护理市场占据领先地位。

两度出任宝洁CEO的约翰苏·白波曾在其所著《无欲之争》一书中写到，在中国宝洁公司与政府部门合作向600多个城市的27.5万所学校推广口腔保健教育公益项目。研究结果显示，参加项目的学生的龋齿率下降了20%-50%。对那些曾经参加过宝洁这个项目的人来说，项目对他们产生了很大的影响。

商业向善模式：宝洁中国通过口腔保健教育公益项目替代传统营销渠道，实现了渠道通道创新。宝洁通过公益营销的方式，在政府支持下，在学校、社区、商圈等铺设了以口腔保健教育公益项目为名义的"软渠道"，一方面，不仅仅让参与公益项目的学生直接受益，其作为公共卫生教育传播推广间接影响了中国儿童的卫生习惯改变，大大降低了龋齿率；另一方面，这些公益项目也让孩子和父母们了解并

---

① 佳洁士助孤残儿童 支持国家"明天计划"［EB/OL］. 搜狐健康，2005-06-02.

信赖宝洁的口腔护理品牌，有助于宝洁在中国口腔护理市场竞争中长期保持领先地位。

(四) 创新客户关系

客户关系构造块用来描绘公司与特定客户细分群体建立的关系类型。商业模式所要求的客户关系深刻地影响着全面的客户体验。

一般企业会问：我们每个客户细分群体希望我们与之建立和保持何种关系？哪些关系我们已经建立了？这些关系成本如何？如何把它们与商业模式的其余部分进行整合？但要创新客户关系，找到商业向善的模式，就要继续追问：我们和客户可否成为有共同公益目标的伙伴？我们如何和客户共同创造公益产品？关于创新客户关系，我们可以借鉴公共管理学中的"三圈理论"来找到共同公益目标的商业向善项目从而成为客户的公益伙伴。"三圈理论"即"价值、能力和支持——分析框架"。该理论认为，公共管理的终极目的就是为社会创造公共价值。首先，好的公共政策要具有公共价值；其次，政策的实施者要具备一定的能力，以提供相应的管理和服务；最后，相关政策需得到政策作用的对象或民众的支持。应用在商业向善的模式构建中，我把"价值"定义为公益价值，"能力"定义为企业履行企业社会责任的能力，"支持"定位为客户对公益的需求。这里值得一提的是欲望不等于需求，简单地说，能被支付的欲望才是需求。对于这个问题，市场学中给出的答案是一个公式：需求＝欲望+购买力。[①] 三者交圈的部分即价值、能力和支持都具备的最佳商业向善项目，最有可能形成共同的公益目标从而建立紧密的公益伙伴关系取代传统的甲乙

---

① 王赛. 增长结构 [M]. 北京：中信出版集团，2021：85.

方买卖关系，应果断实施或扩大。

案例：创新客户关系——中国农业银行将"客户的投资理财销售关系"改为"客户的财富向善顾问关系"

中国农业银行壹私行公益金融实验室是由中国农业银行私人银行部和深圳市创新企业社会责任促进中心共同设立，提供集公益金融专业研究、公益金融解决方案、公益金融综合服务于一体的体系服务。

在我看来，中国农业银行壹私行公益金融实验室的成立正是"三圈理论"推导和实践的成果。"价值"即公益价值，引导财富向上向善、弘扬社会责任，在高质量发展中促进共同富裕，这些正是国家"十四五"规划中推进全体人民共同富裕的应有之义。"能力"即中国农业银行作为国有大行履行企业社会责任的担当能力，金融机构作为财富资源配置的关键枢纽对于服务人民美好生活具备落地公益金融项目的独特能力即募集资产（筹钱）、管理资产（管钱）和使用资产（花钱）的优势。"支持"即客户对公益的需求，发现了客户的财富向善需求的新趋势和新机遇，例如，更关注公益资金投入能否发挥实际价值创造社会影响力、倾向利用自身余力参与公益实践创造社会价值、认同获得一定财务回报的基础上兼顾社会责任的公益产品。综上"三圈理论"分析，中国农业银行发展公益金融是最符合其商业向善的理念的，但作为金融机构对公益金融如此创新的跨界领域是从未涉足公益行业的研究和实践，所以在深圳市创新企业社会责任促进中心的支持下，各自利用自身专业业务和资源的比较优势，强强联合打造了中国农业银行壹私行公益金融实验室，如图5-8所示。

商业向善模式：中国农业银行特别是私人银行部不仅仅是响应共

图 5-8　中国农业银行壹私行公益金融实验室战略规划 ①

同富裕、乡村振兴等国家战略，更是着眼于消费金融发展阶段客户的公益诉求，提供财富向善、善财传承等专业服务。正如中国农业银行总行私人银行部副总裁史文刚先生所说的，"一个成功的企业首先要在商业端找到定位，但企业的真正成功还要找到社会端的定位"。所以，中国农业银行壹私行公益金融实验室的成立能提供综合性的公益金融专业顾问服务，不仅把服务财富向善与旅行社会责任完美结合，也有利于促进客户关系的转变，从客户的投资理财销售关系转变成客户的财富向善的顾问关系，促进了公益金融业务的发展。截至 2023 年 3 月，已设立慈善信托 29 笔，规模超 2.5 亿元。规模千万以上 8 笔，百万以上 18 笔。截至 2022 年末，累计捐助项目 25 个，规模 1.15 亿元，涵盖受益人 5243 位。②

---

① 引自：中国农业银行壹私行公益金融实验室于 2021 年 9 月 16 日的对外介绍资料。

② 引自：中国农业银行总行私人银行部副总裁史文刚于 2023 年 4 月 23 日的课件《家族慈善的起承转合——壹私行公益金融的实践与思考》。

（五）创新收入来源

收入来源构造块用来描绘公司从每个客户群体中获取的现金收入（需要从创收中扣除成本）。

一般企业会问：什么样的价值能让客户愿意付费？他们现在付费买什么？他们是如何支付费用的？他们更愿意如何支付费用？每个收入来源占总收入的比例是多少？但要创新收入来源，找到商业向善的模式，就要继续追问：我们能否为客户创造出除了经济效益还兼具社会和环保效益的公益产品或服务？我们如何把企业利益最大化和社会效益最大化有机统一起来？关于创新收入来源，我们可以借鉴竞争优势理论，迈克尔·波特在其所著的《竞争优势》中提出关于共享和竞争优势，"如果共享活动影响了成本驱动要素或者差异化，就能导致竞争优势的产生"[1]。

案例：创新收入来源——通威集团将收入来源包括"渔业和光伏产业"拓展为"渔业、光伏产业和'渔光一体'项目"

通威集团（以下简称：通威）是一家以绿色农业、绿色能源为双主业的大型跨国集团公司，现拥有遍布全国各地及海外地区的300余家分、子公司，员工近5万人。[2]

通威在发展光伏产业的过程中，发现东部地区人口多，土地资源少，能够用于进行光伏发电的空间相对有限。当时的光伏电站主要采取家庭分布式发电，每个家庭房顶装置光伏电站独立运营，成本高。

---

[1]　迈克尔·波特. 竞争优势 [M]. 陈丽芳，译. 北京：中信出版集团，2014：263-269.

[2]　来源：https://www.tongwei.com/intro/index.html.

但是，通威在发展渔业的同时非常清楚国内大部分养殖水面集中在东中部地区，尤其是东部经济发达地区，这些区域也是我国能源消费、GDP、人口密度最高的地区，渔业为通威连接了数十万的养殖户、上千万亩的水域面积，养殖户们都有提升鱼塘效益的诉求。

这两个问题启发了横跨光伏产业与渔业的通威重新建构业务单元之间的关联，创造买方、渠道、技术等共享活动，实现买卖双方的创收来源共享。经过研发，通威创新提出了终端电站的"渔光一体"战略构想，以期实现光伏产业和渔业的有机结合。于是，通威将遍布于发达地区近郊养殖鱼塘作为建设光伏发电站的基地，将水面、水产养殖和光伏产业整合成一个项目平台。水下养鱼，水上发电。利用既有优势，又避开了土地瓶颈，将渔、光跨界融合，实现了空间复用，两大产业合二为一，可以说是创新了整个产品服务模块和收入来源。纵观全球，既做水产饲料，又做光伏新能源的企业只有通威，这"渔光一体"产品服务形成了通威的差异化竞争优势。

一方面，进行"渔光一体"改造的养殖户，不仅水产每季增产50%，还可实现每亩水面每年光伏发电 5 万~10 万度（相当于 10 吨~20 吨石油输出的等效能量），为养殖户带来 5 万~10 万元的新增收入，是过去单养鱼每亩收入的 5~10 倍。[①]

另一方面，通威自 2016 年首个"渔光一体"项目建成后，开启了可复制性的模式推广，不仅推动光伏电站整体成本的下降，还促进了通威的利润爆发性增长，第二年的利润就翻倍增长（如图 5-9 所示）[②]。

---

① 朱睿，李梦军. 未来好企业 [M]. 北京：中信出版集团，2020：279-284.

② 来源：http：//stockpage. 10jqka. com. cn/600438/finance/.

科目\年度	2021	2020	2019	2018	2017	2016 》
成长能力指标						
净利润(元)	**82.08亿**	**36.08亿**	**26.35亿**	**20.19亿**	**20.08亿**	**10.25亿**
净利润同比增长率	127.50%	36.95%	30.51%	0.51%	96.00%	39.07%
扣非净利润(元)	84.86亿	24.09亿	23.14亿	19.09亿	19.62亿	6.13亿
扣非净利润同比增长率	252.35%	4.06%	21.22%	-2.68%	219.96%	96.90%
营业总收入(元)	634.91亿	442.00亿	375.55亿	275.35亿	260.92亿	208.84亿
营业总收入同比增长率	43.64%	17.69%	36.39%	5.53%	24.92%	11.24%

图5-9 通威股份财务报表

商业向善模式："渔光一体"是通威利用企业自身在光伏产业和渔业两大行业的优势，以共享价值的理念与社会问题相结合进行创新，这种创新不仅仅是对企业形成了独一无二的收入来源，更是为社会带来了巨大的经济、社会和环保效益，达到了"鱼、电、环保"三丰收的目的。

（六）创新核心资源

核心资源构造块用来描绘让商业模式有效运转所必需的最重要因素。核心资源可以是实体资产、金融资产、知识资产、人力资源等。

一般企业会问：我们的价值主张需要什么样的核心资源？渠道通路、客户关系、收入来源呢？但要创新核心资源，找到商业向善的模式，就要继续追问：如何用公益理念赋能核心资源创新发展？如何用核心资源创新支持公益融合商业发展？关于创新核心资源，我们可以借鉴迈克尔·波特和马克·克雷默提出的"共享价值理念"。他们指出，创造共享价值的重点在于识别社会需求，扩展社会与经济进步之间的连接，通过创新扩大经济和社会价值的总量。共享价值在增强企业竞争力的同时，也对其所在社区的经济与社会条件具有推动作用。[1]
共享价值理念没有把企业的社会责任和企业利益孤立分开，而是将企
业与其他利益相关方的利益结合在一起，并且凭借这种方式试图为企
业找到实现新的增长动力的路径和方法。[2] 因此，我们也可以用共享
价值理念来创新核心资源，重构产品和市场，在价值链中重新定义生
产力，促进产业发展和社会进步。

案例：创新核心资源——安邦制药[3]将"残疾员工视为'无关人
群'"当作"特殊人力资源"

2010 年，安邦制药开启"融合用工"模式，以共享价值理念创新
核心资源，将残障员工视为特殊人力资源，而不是企业负担。此举不
仅让残障员工平等、有尊严地就业，也为安邦制药带来正向的商业效
应：仅仅一年，安邦制药扭亏为盈，当年销售翻番达 6000 多万元。

目前，安邦制药共有 240 余名残障员工，在全员中占比 40.9%，
分布在研发、销售、管理、生产等多个岗位，他们与健全员工一起融
入企业日常，同工同酬、相互融合。近三年，安邦制药累计投入残障
员工的用工成本超 1600 万，残障员工的平均年薪不低于 4 万元，实现
了平等、有尊严脱贫与生活，顺利融入社会。

安邦制药的融合用工模式关键在于融合。打破一般性人力资源和
残障特殊人力资源的"二元结构"，倡导企业与残障员工的双向选择，
融合用工与劳动，融合文化与价值。具体而言，安邦制药将所有岗位

---

① POTER M E, KRAMER M R. The Big Idea: Creating Shared Value [J]. Harvard Busi-
ness Review, 2011, 89 (1/2): 62-77.
② 朱睿，李梦军. 未来好企业 [M]. 北京：中信出版集团，2020：37-38.
③ 安邦制药：探索融合用工，将残障员工视为特殊人力资源 [EB/OL]. 财经网，
2019-12-17.

面向残障人士开放，给予其平等权利，招收适合岗位的残障员工；同时也为残障人士的特殊才能因人设岗。在招收适合岗位需求的残障员工时，其与一般员工的比例最好为3：7，接近于优选法"0.618"原则（黄金分割定律）为宜，便于残障员工更好融入企业。更为重要的是，安邦为残障员工的发展积极创造各种条件。一旦残障员工在安邦制药入职，公司即在驻地附近安排残障员工宿舍，方便其上下班；与此同时，找健全员工做搭档、结对子、当师傅，开展职业技能培训，相互配合、互帮互学，使其尽快适应岗位需求。

融合用工模式为安邦带来额外的无形的品牌商业价值。十年来，安邦的融合用工模式得到广大基层医务工作者，特别是农村村医的理解和支持。在融合用工模式下，安邦制药年营收于2018年突破4亿，并逐渐由传统药企转型升级为研发、生产、销售、服务于一体的现代化综合服务体系。

商业向善模式：安邦用特殊人力资源创造特殊价值。无论是在后台销售服务上，还是在研发部门工作，残障员工不比其他员工差，甚至做得更好。例如，佘世雄就是其中一名残障员工，他在销售服务中对客户服务非常耐心，电话里聊得非常投机，甚至与客户互称兄弟。还有，湖南中医药大学药学硕士毕业生屈金艳，虽然她是一名侏儒症患者，但她任研发中心学术总监，参与多个科研课题，从事经典中药的临床检验和新药研发工作，最终帮助安邦制药让有自主知识产权的中成药"银黄清肺胶囊"在巴基斯坦临床试验成功并顺利上市。

（七）创新关键业务

关键业务构造块用来描绘为了确保其商业模式可行，企业必须做的最重要的事情。这些业务是企业得以成功运营所必须实施的最重要的动作。关键业务会因为商业模式的不同而有所区别，主要可以分为制造产品、问题解决、平台（网络）等。

一般企业会问：我们的价值主张需要哪些关键业务？渠道通路、客户关系、收入来源呢？但要创新关键业务，找到商业向善的模式，就要继续追问：我们的关键业务如何提升科技和融合公益发展？我们的关键业务能否带来正外部性效应？外部性是一种向他人施加不被感知或效益的行为，或者说是一种其影响无法完全体现在它的市场价格上的行为。外部性表现为多种形式：有些外部性是正的，有些则是负的。[①] 负外部性的效应往往会产生公地悲剧结果。所以，关于创新关键业务，我们要认识到关键业务会产生的外部性能否扭负为正，只要关键业务能产生正外部性的商业就是商业向善的模式。

案例：创新关键业务——印萌[②]将"提供数字化升级服务业务"拓展为"提供数字化升级服务同时绑定可持续资源业务"

2018 年，印萌（佛山青象科技有限公司）开始为传统文印店提供无人自助解决方案，试图通过科技与环保重新定义文印行业，打造文印行业的"天猫小店"。截至 2019 年 12 月，印萌一共改造了 2163 间传统打印店，覆盖清华大学、北京大学、中山大学、复旦大学、浙江大学等 788 所高校，日订单量超过 20 万，累计为超过 1200 万大学生提供便捷自助打印服务。更为重要的是，在帮助传统打印店升级时，印萌将可持续用纸的标准绑定到智能系统中，并以低价向大量打印店

---

① 保罗·萨缪尔森，威廉·诺德豪斯. 经济学：第 19 版：教材版 [M]. 萧琛，译. 北京：商务印书馆，2020：249.
② 印萌：用科技+环保重新定义文印行业 [EB/OL]. 财经网，2019-12-19.

出售环保再生纸。每一天，印萌帮助店家节省的 A4 纸超过 100 万张。

印萌的创始人吴斌曾历时 5 年深入耕耘传统文印行业，他曾在广东开设了 21 家高校连锁文印店。但是，在经营过程中，吴斌发现很多行业"痛点"：图文店人力成本较高、人为失误损耗居高、店铺财务不明晰；高峰期打印人流量堵塞，导致用户打印体验差等问题。吴斌聚焦于如何解决行业痛点：依托团队两名阿里技术专家。印萌推出了国内首创专门针对传统文印店的无人自助解决方案，通过物联网技术，实现所有文印店的打印机在线化。目前，印萌系统适配了 86 款主流软件，2326 款打印机参数适配，并能与百度网盘互通，在提高打印效率、节省打印成本、机器自动化等方面进行优化创新，能够帮助店家节省人力、杜绝损耗、实现财务管理，避免漏打误打、重复打印、打印资料混淆、计费不清等情况。短短一年，印萌已经升级改造了 2163 家传统文印店，覆盖 788 所高校，在市场占据绝对领先地位。

在帮助传统文印店升级的同时，印萌不仅运用科技的力量，同时借助环保的能量解决传统文印店纸张浪费等外部性问题，其创新性地将可持续用纸的标准绑定到印萌自助打印系统中，并以低价向大量打印店出售环保再生纸。截至 2019 年 6 月，在这些升级后的文印店，印萌共推广使用玖龙造纸厂再生纸 78 吨。同时，印萌在系统设定"先支付后出纸"，以消费者的经济意志推动环保用纸、减少浪费，杜绝因操作失误带来的损耗。根据印萌提供的数据：如果按照 2000 家打印店计算，平均每天可节省纸张 50 万张，一年可节省 1.825 亿张纸，共 1436 吨，相当于少砍伐 25848 棵五年以上的大树。

商业向善模式：印萌用科技与环保的力量重新定义传统文印行业，赋能商家降成本提效益的同时绑定了可持续资源业务，即把环保理念几乎贯穿印萌的整个打印服务，其通过对环保耗材的使用、环保产品的设计开发、创建回收机制等手段，巧妙将环保理念融入其中，培养了传统文印店和广大消费者环保节约用纸的习惯，解决了传统文印行业的纸张浪费等外部性问题，最终形成一个科技、环保与商业相互融合的创新打印模式。

（八）创新重要合作

重要合作构造块用来描述让商业模式有效运作所需的供应商与合作伙伴的网络。企业会基于多种原因打造合作关系，合作关系正日益成为许多商业模式的基石。

一般企业会问：谁是我们的重要合作伙伴？谁是我们的重要供应商？我们正在从伙伴那里获取哪些核心资源？合作伙伴都执行哪些关键业务？但要创新重要合作，找到商业向善的模式，就要继续追问：我们能否和我们的重要合作伙伴一起做公益？我们能否以公益名义创建战略联盟即公益共同体的网络体系？关于创新重要合作，不妨借鉴生产消费者理论，生产消费者是著名的经济学家比尔·奎恩教授在《生产消费者力量》中提出的一个概念，他在书中提出生产者赚钱，消费者花钱，生产消费者在花钱的同时赚钱。生产消费者首先是一个消费者，其次他是一个生产者，他生产的是跟自己有关的消费者。换句话说，当我们发展重要合作伙伴内容生产供应商同时也成为我们内容消费者即生产消费者，而且能一起参与公益成为公益共同体，这就是商业向善的模式。

案例：创新重要合作——腾讯[①]将"发展公益项目生产者合作"

---

① 陈一丹，等.中国互联网公益［M］.北京：中国人民大学出版社，2018：41-50.

改为"发展公益项目生产消费者合作"

2007 年，腾讯公益平台上线，作为一个公益项目自主发布平台，具有项目发起、捐赠、互动与监督等多种功能，其服务核心是"提供网友在网路求助，公益机构认领求助、在线筹款、项目反馈、公众监督等一站式服务"。个人用户可以通过腾讯公益平台选择自己喜欢的公益慈善项目，自主选择捐款金额进行捐款。此外，有公募资格的公募组织还可以通过腾讯公益平台为自己生产的公益项目筹款。

使用腾讯公益平台的个人用户是公益项目的消费者，同时在微信里，个人用户通过朋友圈可以发布文字、图片或转发公益项目，可以分享到朋友圈的时候也就成了二次创造公益项目的生产者，让微信内好友可以对其"评论""点赞"或"捐赠"。

这里值得一提的是，2014 年，腾讯公益推出"一起捐"这种基于移动社交网络的新型募捐产品。个人用户可以对腾讯公益平台上的公益项目发起"一起捐"并设置目标金额，然后将"一起捐"页面转发给好友或分享到朋友圈，用户的好友看到后可以参与捐款，并对"一起捐"进行二次转发。如此，个人用户真正成为公益项目生产消费者，既成为小目标公益项目的发起人即生产者，也是本项目的第一个捐赠人即消费者，并倡导更多消费者加入。

商业向善模式：腾讯利用其掌握的体量庞大的用户搭建起腾讯公益平台为公益"导流"，而进入移动互联网时代，腾讯公益平台重点转变为发展个人用户成为公益项目生产消费者，不断优化以"熟人社交+公益"作为底层逻辑的社交筹款体验，让消费或二创公益项目没有门槛，真正进入全民公益的新阶段。

（九）创新成本结构

成本结构构造块用来描绘运营一个商业模式所引发的所有成本。创建价值和提供价值、维系客户关系以及产生收入都会引发成本。商业模式的成本结构类型主要分为成本驱动和价值驱动。

一般企业会问：什么是我们商业模式中最重要的固有成本？哪些核心资源花费最多？哪些关键业务花费最多？但要创新成本结构，找到商业向善的模式，就要继续追问：哪些成本的短期增加能带来成本的长期减少？哪些成本结构的创新，既能提高经济效益，又能提高社会效益和环保效益？关于创新成本结构，可以借鉴科斯定律，科斯告诉我们，所有的伤害都是相互的，都是对资源的争夺。谁能够把资源用好，资源最后很可能就会落到谁的手上。[①] 简而言之，我们要学会跳出自身角度而是从社会成本看问题，也就是说我们不仅仅要考虑自身企业发展的经济成本，也要把外部产生的社会成本纳入整体考虑，即外部性问题内部化。这就把争用稀缺资源非此即彼的问题变成了一个关于如何分配和使用资源的问题，人们要做的也是在其中寻求平衡。

案例：创新成本结构——德龙钢铁[②]将"把环保投入当作企业经营成本"当作"把环保投入当作倒逼企业内部管理改革的成本"

所有的钢铁行业都会把环保投入当作企业经营成本，必然会影响吨钢利润和净利润的增长。但是，德龙钢铁（以下简称德龙）从"问题的制造者"到"问题的解决者"的实践打破了环保投入与企业利润

---

① 薛兆丰. 薛兆丰经济学讲义 [M]. 北京：中信出版集团，2018：90.
② 朱睿，李梦军. 未来好企业 [M]. 北京：中信出版集团，2020：89-110.

不可兼得的神话，不仅实现了环保目标，而且实现了经济效益的吨钢利润和净利润双增长。

河北邢台的空气 PM2.5（细颗粒物）含量一直排在全国前列，2013—2015 年这三年是中国钢铁工业最困难的时候，在政府环境治理过程中，最初很多企业有很大的抵触，德龙也不例外。真正的转型发生在 2014 年，那一年邢台市和河北省政府加大了对环境的治理力度，德龙虽然在环保方面小有成就，但部分指标不达标依然面临被关停的困境。因此，德龙破釜沉舟，把环保理念融入企业战略发展中，通过高标准高要求的环保投入倒逼企业内部管理改革，也大大降低了改革成本。

德龙的环保工作瞄准世界一流水平，按照国家 4A 级景区标准，试图打造世界级洁净钢厂、行业永久性环保标杆企业。德龙的环保提倡循环绿色发展，主要对生活环节中产生的水、气、渣、尘进行有效的处理和循环利用，同时通过发电和节能项目的实施，降低能耗，试图实现经济效益和社会效益的最佳结合。如今，德龙已经形成了独具特色的绿色发展"五化"——标准"4A"化、生产洁净化、制造绿色化、厂区园林化、建筑艺术化。

作为一家钢铁企业，德龙钢铁从 2012 年至 2018 年，累计环保投入 20.15 亿元，按照国家最新排放标准及河北省最严超低排放要求整治，累计实施了 110 多项环保深度治理项目。一方面，跟同行企业相比，德龙在环保方面的投入 2014 年就超过行业平均水平（当时最近两年钢铁业环保吨钢平均运营费用约为 100 元/吨），2018 年达到 240 元/吨，远高于行业平均值。另一方面，德龙在 2018 年营业收入为 142.9 亿元，净利润 17 亿元，吨钢利润 748 元，各项经营指标连续增长，排名河北省民营钢铁企业吨钢利润第一，远高于同行业企业吨钢利润。

商业向善模式：德龙把环保投入当作倒逼企业内部管理改革的成本，虽然环保投入使企业经营成本大幅增加，但其借此推行制度精细化管理和成本精益化管理的改革，通过完善环保管理制度和推行精益理念、改进钢铁工艺流程和技术设备、激励一线员工发现和解决问题、鼓励变废为宝和创新研发，都大大降低了运营成本和提高了效率。

商业向善：发现企业业务与社会问题的结合点

序号	创新模块	提出问题	理论借鉴	案例及其商业向善模式
1	创新客户细分	我们还能为谁创造价值？谁是我们未来最重要的客户？我们对哪些潜在客户提供公益服务可创造社会价值？创造的社会价值如何反哺或协同支持经济价值的共同创造？	优势视角理论	爱尔眼科将"城市中产作为细分客户"拓展为"将城市中产和低收入人群都作为细分客户"
2	创新价值主张	我们价值主张是否可以和联合国17项可持续发展目标或者和《慈善法》关于慈善活动范畴相结合？客户在消费产品和服务时候会认知到我们的价值主张吗？	定位理论（艾·里斯和杰克·特劳特）	唯品会的唯麦工坊将"销售有商业价值的品牌时尚消费品"改为"倡导传统经济和社会双重价值的时尚的非遗文化公益产品"
3	创新渠道通路	能否通过公益慈善活动帮助客户提升企业产品和服务的认知？能否通过去德服务或公益项目等方式把价值主张传递给更多客户？能否通过公益社群的连接和服务协助客户购买特定的产品和服务？	公益营销理论（善因营销理论）	宝洁中国将"传统商业广告营销渠道"改为"口腔保健教育公益项目渠道"
4	创新客户关系	我们和客户可否成为有共同公益目标的伙伴关系？我们如何和客户共同创造公益产品？	三圈理论	中国农业银行的私人银行将"客户的投资理财销售关系"改为"客户的财富内顾问关系"
5	创新收入来源	我们能否为客户创造出除了经济效益还兼具社会和环保效益的公益产品或服务？我们如何把企业利益最大化和社会效益最大化有机统一起来？	竞争优势理论（迈克尔·波特）	通威集团将收入来源包括"渔业和光伏产业"拓展为"渔业、光伏产业和渔光一体"项目
6	创新核心资源	如何用公益理念赋能核心资源创新发展？如何用核心资源创新支持公益融合商业发展？	共享价值理论（迈克尔·波特和马克·克雷默）	安邦制药将"残疾员工视为无关人群"当作"特殊人力资源"
7	创新关键业务	我们的关键业务如何提升科技和融合公益发展？我们的关键业务能否带来正外部性效应？	外部性理论	印帅将"提供数字化升级服务业务"拓展为"提供数字化升级服务同时提供可持续资源业务"
8	创新重要合作	我们能否和我们的重要合作伙伴一起做公益？我们能否以公益名义创建战略联盟即公益共同体的网络体系？	生产消费者理论	腾讯的腾讯公益将"发展公益项目供应商合作"改为"发展公益项目生产消费者合作"
9	创新成本结构	哪些成本的短期增加能带来成本的长期减少？哪些成本结构的创新，既能提高经济效益，又能提高社会效益和环保效益？	科斯定律	德龙钢铁将"把环保投入当作企业经营成本"当作"把环保投入当作倒逼企业内部管理改革的成本"

图5-10 九类商业向善模式总结汇总

综上所述，如图5-10所示，以上借鉴商业模式画布的九个模块，结合其中模块的优势或劣势提出如何向善的问题，主要借鉴商业理论和公益理论指导，来思考和发现商业向善的创新模式是可行的。上文虽然列了一些可能常用的理论包括经济学、管理学、社会学、公共政策学等，但实际上并不仅限于这些，也不仅限于应用在这个模块，例如生产消费者理论不仅限于针对生产者创新重要合作，也可以针对消费者创新客户关系。还有，商业向善很多时候，不是仅仅创新其中一个模块，而是会联动多个模块甚至九个模块全部进行创新。例如企业的价值主张通过创新改变了，那必然有客户细分或客户关系或渠道通道等模块也会跟着改变来支持其价值主张。总之，可以归纳出以下发现商业向善模式的路径：

商业向善模式=（企业业务优势或劣势）/商业模块×向善提问×（商业理论+公益理论）

三、善财传承：把家族财富传承和家族慈善相结合的传承模式

家族财富是什么？先说一下古今中外对财富本质的定义。广义的财富：物质财富，物质上能满足你各种生产生活需要的有形物品；精神财富，精神上能让你愉悦舒畅的无形资产。汉语中的财富："财"指"储备金""金融积蓄""银行存款"；"富"指"家屋充实"。"财"与"富"联合起来表示"吃、用的东西多，还有多余的金钱"。英语中的财富：Wealth 指财产、所有权等，即世间大量的所有物。现代社会的家族财富的构成包括产业资本即企业、金融资本即钱财、人力资本即家人品行、文化资本即家风文化、社会资本即社会声誉。而家族财富的归宿不外乎四个方向：个人消费、政府纳税、家族传承、公益慈善。详见图5-11[①]。

---

① 引自：深圳市慈善会房涛副会长于 2021 年 10 月 26 日的课件《关于共同富裕与三次分配的深圳解读和探索》。

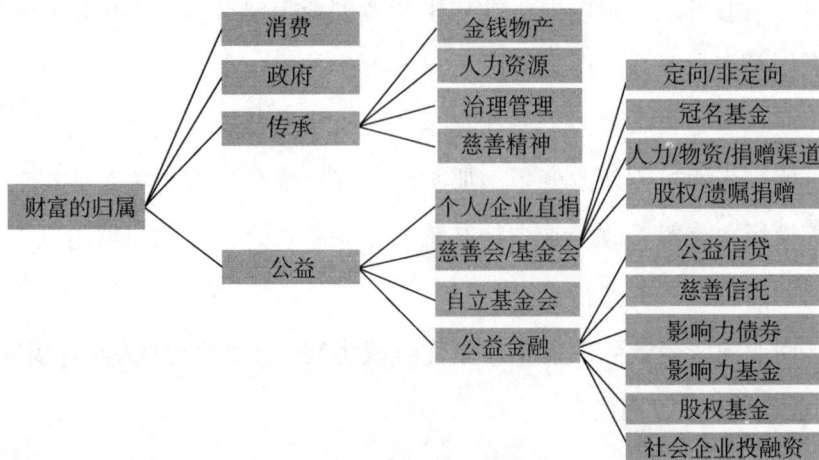

图 5-11　财富的归属

　　家族财富保护和传承的意义，究竟是什么？中华遗嘱库负责人、北京阳光老年健康基金会理事长陈凯律师提出，保护和传承财富将圆满财富家族对家人和社会的爱心和责任感。他提出了家族财富保护传承三大定律。第一定律：最大的风险，是没有看到风险。第二定律：许多人想让财富成为对家人的祝福，往往却成为他们的枷锁。第三定律：最好的做法是控制财富并从中受益，而不是拥有它们。① 家族传承事关每个家族的兴衰，如何做好家族财富保护与发展，我不在此处展开分享交流，建议可以详阅陈凯律师的著作《守富与传富——家族财富保护与传承》。我们在这里重点介绍一项把家族财富传承和家族慈善相结合的传承模式，我们称之为善财传承。为什么我们要重视和了解这项传承模式呢？建议可以听一下傅昌波老师学习有关善财传承

---

① 陈凯. 守富与传富：家族财富保护与传承［M］. 北京：人民日报出版社，2016：5.

的课程①或看一下他写的《中国家族慈善研究报告（2022）》②，下文参考了部分傅昌波老师的研究观点和案例。

对于公益市场的消费者即财富家族而言，仅做没有战略规划的传统慈善，从某种意义上说，确实是意味着失去，一是失去财富，将原本属于自己的财富捐赠用于与自己没有直接利益关系的人或事上，二是失去时间，放下自己手头的工作，做自己不擅长的公益，不但可能公益做不好，反而因为时间被占用，导致自身企业经营疏忽或损失。但是，从传承的角度上来说，对家族财富传承做好战略慈善规划，慈善并不意味着失去，没有让财富家族失去什么，反而意味着得到更多，让其通过善财传承，得以实现传人、传财、传业、传文、传社等功能，从而实现家族的可持续发展。如图5-12所示。

图5-12　家族的善财传承功能

---

① 引自：深圳国际公益学院助理院长傅昌波于2020年7月7日的课件《财富本质与善财传承》。

② 傅昌波，等. 中国家族慈善研究报告（2022）［M］. 北京：社会科学文献出版社，2023：5.

（一）善财传承的传人功能：价值纽带，沟通桥梁

新的家族传承看重价值观传承，唯有后人树立正确的自利利他价值观，才能使得家族传承久远；让家族成员参与家族慈善项目，解决社会问题，会带来更大的成就感和尊重；有助于加强家族成员关系，有了慈善的共同话题，能够让几代人坐在一起沟通交流，提升家族凝聚力。

以洛克菲勒家族为例，其家族成员之间经常性的沟通机制是洛克菲勒家族治理的重要方式，其每年有两次家族大会，以及代际对话机制，即让家族中的两代或数代人能够互相分享自己的故事。家族的第四代成员戴维·洛克菲勒的女儿艾琳在其回忆录中谈到了家族大会在家族传承中起到的作用：一方面为长辈们在推动社会公益事业发展上取得的成就而骄傲；另一方面后辈选择更低调的方式，通过帮助一小部分人来感受与帮助一个国家同样的价值，实际是价值观的代际传承。而每次代际对话后，家庭成员对家人有了更深层的了解，对家人的感情更加深厚。

因此，善财传承的传人功能的具体实践可以通过设立家族慈善账户、家族基金会或家族慈善信托，让家族成员代表参与理事会治理或资助方参与公益项目或志愿服务活动，就价值观和愿景两代人或多代人达成共识。

（二）善财传承的传财功能：兜底防护，财善并行

我国未来可能开征遗产税，而慈善能实现家族财富最大幅度的存留；慈善安排是最保险的不被挥霍和不被司法追诉的方式，实现家业

和产业的风险隔离；管理慈善资金更保值增值，同时具有合理避税的功能；慈善可以助力持续创富，包括运用创办社会企业、影响力投资等新的公益金融工具，可以发掘新兴市场或创新商业模式提升竞争力。

以杨国强家族为例，国强公益基金会是杨氏家族慈善的载体。2023 年 7 月，碧桂园服务（06098.HK）控股股东、非执行董事兼董事会主席杨惠妍宣布向国强公益基金会（香港）有限公司捐赠其持有的约 6.75 亿股碧桂园服务股份，占公司已发行股份约 20%。国强公益基金会（香港）有限公司作出不可撤回及无条件的承诺，其将在十年内持有捐赠股份，并委托杨惠妍或其指定人士代表基金会行使捐赠股份的投票权。这也意味着，杨惠妍将继续（直接和间接）控制碧桂园服务 12.18 亿股股份的投票权，占公司已发行股份约 36.12%。也就是说，其对碧桂园服务的实际控制权不会因捐赠而改变。同时，国强公益基金会（香港）有限公司将享有捐赠股份除投票权以外的所有其他股东权益，包括股份所有权、股息收入、实物分派等。未来，国强公益基金会（香港）有限公司可以把捐赠股份的股息收入用作支持香港及粤港澳大湾区科学、教育文化、健康及青少年成长，资助弱势群体、赈灾以及内地乡村振兴等公益用途。

虽然碧桂园地产板块已经下行，企业开始出现经营亏损、债务危机等负面情况，但碧桂园服务不同于碧桂园地产，从行业发展来看，当前物业管理和社区综合服务正是发展可期的新赛道。据碧桂园服务财报，2022 年碧桂园服务全年收入由 2021 年同期约 288.4 亿元人民币增至约 413.7 亿元，增幅约 43.4%；毛利由 2021 年同期约 88.6 亿元增至约 102.6 亿元，增幅约 15.7%。碧桂园服务业绩的稳定增长，也将为家族基金会带来股息红利等长期收益，有利于家族基金会的资金稳定和保障公益慈善事业的可持续发展。

因此，善财传承的传财功能的具体实践可以通过上市公司或家族企业通过对家族成员实际控制的家族基金会进行现金或股权捐赠，凭有税前抵扣资格的公益捐赠收据可以享受税收优惠。如果以捐赠股权代替现金，一是有利于捐赠股权所属企业保持在金融市场的稳定性，避免产生剧烈波动；二是实现家业和产业的风险隔离，已捐赠的股权登记在家族基金会名下，万一发生极端情况下绝对风险隔离，已捐赠的社会资产原则上不受司法追索债务；三是家族基金会可以资助公益项目或投资理财，其中包括办社会企业、做社会影响力投资、发展新兴产业等，家族基金会获得捐赠股权的可持续分红机会，更能保障需长期投入的社会创新项目获得成功。另外，基金会相比信托设立的门槛较高，也可以通过家族慈善信托来实现以上功能。

（三）善财传承的传业功能：训练平台，社会责任

家族慈善事业为家族下一代提供一个展示技能、兴趣及能力的平台，可以作为筛选家族事业接班人的平台之一，测试下一代独立创业驱动力和开拓新兴业务的视野。财富家族可以用慈善作为家族的新社交，训练接班人的领导力、社交力、责任感、政治经济素养以及学习投资、商业管理提升专业等。

罗伊·威廉姆斯和维克·普瑞瑟在《慈善、继承者和价值观》一书中，通过对3000多个继承家族和将近100个家族基金的研究，认为应"让下一代有计划地参与家族慈善，增加家族企业传承成功概率"。

在许多情况下，慈善事业作为家族领导人的一种教学工具，决定了家族是否在其传承过渡时期保持统一和财务上的成功。慈善事业是提高家族过渡时成功概率的工具，为家族基金会和家族捐赠计划提供新的好处。家族成员可以在参与慈善事业的过程中提升生活中所需的有益技能、增进代与代之间的交流、激发所有家族成员的创造性和新思维，相互学习共同进步。

因此，善财传承的传业功能的具体实践可以通过设立家族基金会或慈善信托，让家族成员参与或列席理事会，有机会参与解决社会问题的公益慈善项目或创办社会企业，培养下一代家族成员的责任、社交、管理、政治经济素养等个人的综合能力，可以作为筛选家族事业接班人的平台之一，成为家族人力资本培育的平台。

（四）善财传承的传文功能：培育高雅，保持创新

捐赠有助于保持家族成员的同情心、同理心和慈爱心的人文关怀；慈善助力寻求真理和公平，有助于提升家族成员品格，实现由富到贵；通过资助探索未知世界，慈善有助于保持家族成员的担风险勇气和想象力；通过公益艺术收藏或支持高校科研等，在保留社会文化财富的同时提升自身素养。

以何享健家族为例，和的慈善基金会是何氏家族慈善的载体。"和艺术基金"是和的慈善基金会下设的专项基金。自 2018 青年艺术资助计划支持青年艺术家成长发展，资助艺术创作、展览活动、出版和学术交流等项目，着重关注青年艺术家创作与活动的公共性和公益性，促进城乡艺术文化资源融合。

2020 年，和艺术基金在资助创作或活动的基础上，启动青年艺术

专业奖项，继续鼓励和支持青年艺术家成长发展。此外，和艺术基金持续资助和美术馆展览及美育教育项目，为公众呈现独具魅力的展览和多元开放的文化活动，建立起传播的枢纽，挖掘跨文化的多元价值。目前，何剑锋除担任盈峰集团董事长外，还担任"和艺术基金"所支持的和美术馆的馆长。可见，何氏家族对艺术文化传承的高度重视和身体力行。

因此，善财传承的传文功能的具体实践包括长辈身体力行参与慈善事业，必然会形成品德向上的家风文化，对下一代为人处世会潜移默化传承；主动参与艺术品的慈善拍卖或支持文化艺术项目或参与支持高校科研项目，培养下一代的艺术素养或科学素养，也是培养其掌握财富的创新能力，有利于进入更高质量的圈层。

（五）善财传承的传社功能：声誉载体，社交平台

慈善事业可以淡化财富原罪，提高家族知名度，可获得家族的产品广告作用、财富增加、名誉提升等益处，塑造家族好声誉；慈善捐赠还能提升家族的社会情感财富（SEW），SEW 指家族凭借其所有者、决策者和管理者的身份从家族企业获得的非经济收益；慈善积累社会资本，扩大家族的社会影响力；慈善已经成为高净值人群共同的话语体系，超级社交媒介，不谈钱不谈利益时，能积累更多社会资本。

财富的本质是社会关系，通过家族基金会积累起来的社会资本丰富了家族的软实力，可以实现代际传承。例如，20 世纪初，约翰·D. 洛克菲勒二世带领洛克菲勒家族基金会捐赠出资在中国建立了第一所无教派归属、得到中国政府认可、高端的私立医科大

学——北京协和医学院。正是因为这层社会关系的代际传承，在中美没有建交的时候，洛克菲勒的第三代成员、曾任大通曼哈顿银行的董事长兼首席执行官的戴维·洛克菲勒前来访问中国，与时任中华人民共和国总理周恩来进行会谈。大通银行也是首批进入中国开展经营的外资银行之一。直至今日，洛克菲勒家族及其非营利机构仍保持着和中国的紧密互动。

因此，善财传承的传社功能的具体实践包括企业的对外公益活动，都可以联合家族基金会共同主办或承办，有利于对内提高员工认同感，对外提升家族美誉度；提升家族基金会的社会影响力，相对企业更易获得省级、国家级甚至世界级的荣誉；小至捐赠医院、学校，支持医疗事业和教育事业发展的同时对于家族成员看病、读书等提供便利关系；大至用家族基金会的名义更容易去建立和传承社交关系，特别是政府关系、媒体关系甚至民间外交关系等，实现公益先行，商业跟进。

以上具体实践的操作路径主要以家族基金会为例，可能绝大多数人认为家族善财传承那是富人的事情，我们看到很多家族基金会都是超级富豪家族设立的，例如，广东佛山美的集团何享健家族的和的慈善基金会、碧桂园集团杨国强家族的国强公益基金会。其实，家族精神与物质财富共同传承，实现家业长青，已成为众多高净值人士或业界精英的共识。善财传承不一定要设立门槛高、运营成本重的基金会，可以设立家族慈善信托或家族慈善账户即捐赠人建议基金（Donor-Advised Fund，以下简称 DAF），DAF 其附加的灵活性、以捐赠人为中心的慈善顾问服务以及对于捐赠人慈善资产的有效管理，更加符合国内家族参与公益市场的需求。

对于公益市场的生产者即社会组织尤其是基金会而言，不仅要特别关注和服务到财富家族、大企业家等大额捐赠人的需求，也要关注到国内日益增长的新中产阶层的当下家族慈善需求，其中联劝基金会的 DAF 基金的特点会给到各位一些启发，公益生产者如何和公益消费者共创公益产品。

案例：上海联劝基金会的 DAF 基金——联结社群需求的捐赠圈

上海联劝公益基金会是上海第一家由民间发起的资助型基金会，联劝公益关注如何让公众与公益产生共鸣与连接，从而更积极持续地参与公益。

联劝公益基金会 DAF 基金的特点是以社群发起为主，截至 2021 年 10 月，39 个 DAF 账户当中，有 21 个都是由社群发起。这些发起 DAF 基金会的社群可分为几类：第一类是女性社群；第二类是学校家委会，特别是国际学校的家委会；第三类是一些兴趣俱乐部，比如滑雪俱乐部、高尔夫俱乐部。这种个人捐赠人聚集在一起，将捐款捐入同一个公益基金，并共同决定捐款用途的形式就是"捐赠圈"，联劝公益会协助他们建立委员会，帮助他们探讨民主议事，让他们和议题有连接，进而追求慈善影响力。[①]

从时间的维度看，我们还要特别关注到遗产捐赠市场在未来将急剧扩张，建议可以详阅阿德里安·萨金特教授和尚悦教授合著的《慈善筹款原理与实践》的第十五章[②]，其中重点介绍了遗产捐赠、悼念性捐款和纪念性捐款等方式，有助于理解遗产捐赠背后的动机以及如

① 傅昌波，等. 中国家族慈善研究报告（2022）［M］. 北京：社会科学文献出版社，2023：80.
② 阿德里安·萨金特，尚悦. 慈善筹款原理与实践［M］. 桂林：广西师范大学出版社，2021：425-457.

何策划遗产捐赠筹款活动、开发适合遗产捐赠劝募请求材料或发展悼念性及纪念性基金捐款等。例如，人们为什么捐赠遗产？重点讨论了普遍动机包括避税、社会规范、报答（可能与该捐款人对机构所从事的社会问题的参与程度有关）、绩效（人们对非营利组织的"感知绩效"）等，还讨论了特殊动机包括缺少家庭需要、自传式回忆（通过悼念性捐款将怀念家庭成员和支持慈善机构结合起来）、继续存在的需要（对余生的期待及更远的展望）、怨恨等。

我国老年人口众多，老龄化进程速度快，特别是"十四五"时期，我国将从轻度老龄化进入中度老龄化，这是个重要的窗口期，谁提前布局遗产捐赠市场这类蓝海市场，必然能最先抢占先机获益。比如，前文提及的中华遗嘱库项目这些年也接待过不少这样的市民，他们通过立遗嘱的方式，要将遗产捐赠出去。例如，25岁湖南大学博士生将全部存款捐给糖尿病公益机构；广西党员将个人50%的财产无偿捐赠给国家；上海一对母女捐出房产给国家；老军医捐出房产，用于科研启动资金；退休职工将财产全部捐给公益基金会，用于为老人服务；刘女士立遗嘱把部分财产捐给家乡的动物园。

总之，善财传承正如广东省和的慈善基金会主席何剑锋曾经总结的家庭对于财富和慈善的思考："价值观才是最好的传承，美德才是最大的财富。"我们可以归纳出以下落地善财传承模式的路径：

善财传承＝功能需求（传人＋传财＋传业＋传文＋传社）×传承工具（中华遗嘱库＋保险＋家族信托＋慈善信托＋捐赠人建议基金＋家族基金会＋影响力投资工具）

第六章　公益市场中的政府

我更喜欢引用来自统一德意志帝国的铁血宰相俾斯麦的一句话："政治是可能性的艺术"来表达我对公益市场中的政府期许。我对这句话的"艺术"的理解，不仅仅强调了政治的力量，更是一种向善而温柔地洗礼人民心灵的力量，同时"可能性"也不仅仅表达了政治的限度，更是传达出政治并非万能但可以团结市场和社会的力量共同弥补其局限性的概率。

一、政府是否应该劫富济贫

2021 年 1 月 28 日，习近平总书记在十九届中央政治局第二十七次集体学习时发表重要讲话，系统阐述了共同富裕的重大意义、基本原则和工作思路。习近平总书记深刻指出，"共同富裕是社会主义的本质要求，是中国式现代化的重要特征。"总书记的这一重要论述，力透纸背，直指人心。共同富裕是社会主义优越性的根本体现，是我们党的宗旨。共同富裕不仅是道德问题，更是一个经济问题。没有共同富裕，社会就会出现两极分化和阶层固化。如果贫富差距过大甚至出现两极分化，那么由于富裕人群的边际消费倾向递减，而大量的低收入人群缺乏购买力，经济运行会出现消费不足、投资过剩。同样，如果出现阶层固化，富人的后代会"躺平"，因为不用干活也能"躺赢"；穷人的后代也会"躺平"，因为穷人无论怎么努力也无法改变自己的身份地位，整个社会就会停滞撕裂甚至动荡，整体经济循环就会陷入低效率均衡。共同富裕就是要跳出这种低效率均衡，形成多数人群收入达到中等富裕水平，呈现纺锤形收入分配结构，普通百姓可以通过自己的努力改变命运，代际社会流动渠道比较畅通。①

（一）政府遵循公益市场的规律

共同富裕不是少数人的富裕，实现整齐划一的平均主义，更不是要政府劫富济贫，打着共同富裕的旗号和公益的名义，强制要求富人捐赠，过度干预公益市场，破坏公益市场的自愿、平等、公平等交易原则。要实现共同富裕，很重要的是要通过发展增加就业，提高我们老百姓的可支配收入，特别是要发展 6 亿低收入人群（年收入平均在1.2 万元左右，主要是农村务农、务工的农民群体）就业，提高其消费能力，解决好中国消费动力不足的问题，这样才能真正实现消费拉动。因此，我们政府谈共同富裕和发展公益市场，不能抛弃商业市场的原则和规律，公益市场是一个新兴的增量市场，也是要通过发展增加就业，生产出既能满足主动消费者又能满足被动消费者需求的公益产品，培育公益消费成为新的消费增长点。

---

① 黄奇帆．战略与路径：黄奇帆的十二堂经济课［M］．上海：上海人民出版社，2022：175-200．

（二）第三次分配可以是既创造财富又与分配财富同步

习近平总书记强调，要"坚持以人民为中心的发展思想，在高质量发展中促进共同富裕，正确处理效率和公平的关系，构建初次分配、再分配、三次分配协调配套的基础性制度安排"。但有不少观点认为，促进共同富裕就是要将重点都放在第三次分配上，而且认为第三次分配就是公益慈善捐赠、物质财富转移，能做好第三次分配就能实现共同富裕。这些理解都是片面的，缺乏经济学基本知识和公益慈善专业知识的歪曲理解。因此，我最认可黄奇帆先生对如何处理好三次分配之间的关系的阐述：一次分配讲效率兼顾公平，二次分配讲公平兼顾效率，三次分配讲自愿、讲道德，也要讲机制体制、讲有效激励的制度安排。这是三次分配的基本格局。这三次分配之间的关系是：一次分配是基础，二次分配是关键，三次分配是配套和辅助补充。①

公益市场并不是仅发生在三次分配阶段，也可以发生在一次分配、二次分配阶段，也就是说第三次分配有很多实现方式，并不天然与第一次分配、第二次分配割裂，可以是既创造财富又分配财富同步。例如，企业战略慈善也是新型的参与第三次分配的工具。企业战略慈善是企业通过捐赠等方式，旨在追求社会效应和经济效益相统一而履行社会责任的一种慈善行为，其目的并非纯粹的"利他"。企业在履行企业社会责任的同时，结合自身战略有针对性地开展慈善活动，形式并非单纯的现金捐助，可以选择合适的非营利性组织进行合作，在实现企业战略目标的前提下取得企业、社会与非营利性组织三方的共

---

① 黄奇帆. 战略与路径：黄奇帆的十二堂经济课［M］. 上海：上海人民出版社，2022：175-200.

赢，即相关利益者利益最大化。① 其实质就是基于可持续发展的使命，参与财富分配的同时实现财富创造。例如，开办社会企业也是新型的参与第三次分配的工具。根据成都市人民政府办公厅《关于印发成都市社会企业培育发展管理办法的通知》（成办发〔2021）〕90 号）文件规定，成都市社会企业是指经企业登记机关登记注册，以协助解决社会问题、改善社会治理、服务于弱势和特殊群体或以社区利益为宗旨和首要目标，以创新商业模式、市场化运作为主要手段，所得部分盈利按照其社会目标再投入自身业务、所在社区或公益事业，且社会目标持续稳定的特定企业类型。其实质就是基于解决社会问题的使命，参与财富创造的同时实现财富分配。

二、政府如何宏观调控公益市场

我国的公益市场是典型的政府主导型，这也是建立在中国特色社会主义市场经济基础之上以公有制为主体、多种所有制经济共同发展的基本经济制度的必然特征。因此，公益市场也是以官办慈善组织为主体、多种公益市场主体共同参与的特点，以基金会为例，我们不难发现民政系统有慈善会，扶贫系统有扶贫基金会，教育系统有教育基金会，团委系统有青基会，妇联系统有妇基会等。众所周知，市场是"无形之手"，强调市场规律调节，政府是"有形之手"，强调政府宏观调控。而我国以政府主导型的公益市场培育的核心问题同样也是要处理好政府和市场的关系、政府和社会的关系、社会和市场的关系，

---

① 林军，乔璐. 我国企业战略性慈善实施的制约因素［J］. 甘肃社会科学，2014（6）
.

使市场在公益资源配置中起决定性作用和更好地发挥政府参与公益市场推动社会治理现代化的作用。

因此，我们对公益市场中的政府定位要进一步阐述，一方面从公益市场供给侧看，政府是生产要素的宏观调控者，另一方面从公益市场需求侧看，政府是对试点定制公益产品的主动消费者。但笔者更喜欢引用来自统一德意志帝国的铁血宰相俾斯麦的一句话"政治是可能性的艺术"来表达我对公益市场中的政府期许。笔者对这句话的"艺术"的理解，不仅仅强调了政治的力量，更是一种向善而温柔洗礼人民心灵的力量，同时"可能性"也不仅仅表达了政治的限度，更是传达出政治并非万能但可以团结市场和社会的力量共同弥补其局限性的概率。换句话说，"可能性的艺术"需要政府主动作为，宏观调控公益市场，试点定制公益产品。

（一）创新社会企业政策供给，增加公益生产要素

社会企业在国内外的公益行业内耳熟能详，但对于大众而言还是比较陌生的。2019 年 1 月 4 日，成都市高新区环境保护与综合执法局发出全国首张在企业名称中体现"社会企业"字样的营业执照。从此，社会企业就进入了大众的视野。

虽然我国的公共服务与社会治理水平均有了大幅提升，但政府资源与能力的有限性决定了政府不可能在公益市场提供所有公共服务产品，必须创新和支持更多社会力量共同可持续地参与公益市场。

社会企业在创新公共服务和社会治理中较之一般企业、社会组织具有重要优势。社会企业具有社会与经济双重属性，为创新社会治理、健全公共服务体系提供了一条既可实现社会目标又可持续发展的新路

径。各地实践表明，社会企业进入当地公益市场后也为居民在街道、社区提供了大量就近就业的机会。

所以说，政府创新性出台关于社会企业的政策，是对公益市场的供给侧增加了公益生产要素。2022年底成都市通过认证的社会企业越来越多且总量已超过150家，这正是政策对公益创业家精神发挥了积极引导作用的成果体现。还有，2022年7月19日，天府股交所"社会企业板"正式开板，挂牌企业24家，社会企业展示专区的展示企业78家，这正是政策以资本市场的方式进一步扩大公益金融的规模流向公益市场。然而，关于社会企业，国内并未有法律文件或国家层面的政策出台，只有33份地方层面的政策或国家部委的文件提及。详见如下：

2021年8月，中共中央统战部印发了《关于深入推进新时代光彩事业创新发展的意见》，其中明确提出"支持探索发展慈善信托、社会企业、公益创投、影响力投资等新模式，总结推广典型案例和成功经验"。

2021年3月，民建中央在全国两会上提出了《关于弘扬社会企业家精神加快社会企业发展的提案》。

2021年12月，共青团中央等多个部门联合举办了首届创青春大赛（社会企业专项）。

2015年佛山市顺德区率先破冰认证发展社会企业，此后，深圳市（福田区）、成都市、北京市（含市级及昌平区级试点区域）、上海浦东新区、武汉高新区、安徽省、四川省等多个区域纷纷推出支持政策，有力地促进了社会企业的发展。我国社会企业在行业构建、培育孵化、认证倡导、政策支持等方面均已逐步成型。截至2022年5月，地方层面出台的支持社会企业发展的文件约 31 个（四川省 22 个，上海市 2 个，北京市 3 个，湖南省 1 个，湖北省 1 个，安徽省 1 个，河南省 1 个）。

（二）政策跨部门协同互补，打通商业和公益市场统一

我国的政治经济体制，有三个必要组件：掌握大量资源并可以自主行动的地方政府，协调和控制能力强的中央政府，以及人力资本雄厚和组织完善的官僚体系。这三大"制度禀赋"源自我国特殊的历史，不是每个国家都有的。[①] 因此，在科层化的公共行政管理方法的路径依赖惯性下，绝大多数地方政府即使有自主权也习惯按科层制把公益市场交给民政、教育、卫生等职能部门作为主要参与主体，甚至大包大揽，没有充分整合市场和社会的力量共同参与的思维，不是单向的采购市场的服务，就是行政动员募捐社会资金。若遇到经济下行的时候，政府必然财政收入减少，削减投入公共社会服务包括采购公益产品的支出，而且也要扶持市场和社会主体走出困境，就更加不可能搞行政募捐。鉴于此，国家出台政策要发挥"集合影响力"，即跨部门合作进行优势互补来改善公益市场供给结构的同时创造性地满足了其本身也要提供这项社会服务的公益市场的需求，从而实现公益市场的供需均衡。换句话说，我们要有打破部门割裂和资源整合的全局思维以及平衡不同利益格局的勇气和沟通艺术，发现政府内部不同职能部门之间以及第一、第二、第三部门之间的比较优势和资源互补的可能性，特别是资源不限于资金，还包括渠道、劳动力、技术、数据信息、客户社群、影响力等资源。以下有一个值得我们深入剖析的有关跨部门协同互补的政策案例实践，打通了商业和公益市场统一，盘

---

① 兰小欢. 置身事内 [M]. 上海：上海人民出版社，2021：302.

活同一处有限的公益生产要素同时撬动两个市场发展。

案例：中国脱贫攻坚任务与发展光伏产业政策相结合

2009—2012 年期间，我国光伏产业在金太阳工程的扶持下稳健发展，还掌握了晶硅电池的关键技术，单晶硅、多晶硅电池转化效率位于世界第一梯队。同时，产业链的上中下游全部实现国产化，技术达到国际先进水平，部分优势产品已经开始对外出口。光伏产业世界十强中，就有八家来自中国。相反，欧美光伏败走国际市场，多家巨头相继破产，诱发了各国的贸易保护主义念头，开始对中国光伏产业发起了新一轮更猛烈的围攻夹击。因此，2011 年 10 月，德国光伏巨头Solar World 美国分公司与美国国内 6 家光伏企业联合，要求对中国光伏企业展开"双反"调查，其申诉理由是中国光伏产品得到政府的巨额补贴，并且存在倾销行为。随后，2012 年 10 月，美国商务部做出最终裁决，对中国输美太阳能电池征收 14.78%～15.97%的反补贴税以及 18.32%～249.96%的反倾销税。2013 年，欧盟同样宣布征收高额双反税。"双反"关税对中国的光伏产业无异于灭顶之灾。截至 2013 年，第一代光伏企业几乎全军覆没，尚德电力破产，绥化宝利被法院查封，赛维申请破产保护。仅 2013 年一年，破产的中国光伏企业就超过 350 家，直接导致 3500 亿人民币产值流失，近 2000 亿人民币的贷款出现结构性风险，超过 50 万人同时失业。

2012 年欧美"双反"启动后，中国以实际行动进行了反击。7 月20 日，中国商务部宣布，对产自美国和韩国的多晶硅启动同等反倾销调查。11 月 1 日，中国商务部对欧盟多晶硅产品启动反倾销调查。但光靠反击无法挽救光伏产业，反倾销调查从初审到终裁需要多年时间，到时候即使欧美取消"双反"，中国在国际市场的份额也早被侵吞干净,到时产业将只剩衰败。面对寒风萧瑟的国际市场,中国光伏企业痛定思痛,决定转向"国内大循环"。在 2013 年,为拯救危在旦夕的光伏产业,《国务院关于促进光伏产业健康发展的若干意见》出台。

与此同时,习近平总书记在 2013 年 11 月到湖南湘西考察时首次作出了"实事求是、因地制宜、分类指导、精准扶贫"的重要指示,在 2015 年提出要确保贫困人口到 2020 年如期脱贫的庄严承诺,并提出扶贫开发"贵在精准,重在精准,成败之举在于精准","精准扶贫"成为各界热议的关键词,我国开启了轰轰烈烈打赢脱贫攻坚战的全社会行动。光伏扶贫则成为我国推进实施精准扶贫的十大工程之一。2015 年起,光伏扶贫就在河北、山西、宁夏、甘肃、青海、安徽 6 个省区选择 30 个县开展试点工作,使贫困群众在建设分布式光伏发电项目中直接增收,在建设光伏电站项目中参股分红,实现就业。2016 年,国家发展和改革委员会等 5 部门印发的文件《关于实施光伏发电扶贫工作的意见》《国家能源局关于在能源领域积极推广政府和社会资本合作模式的通知》等一系列光伏扶贫的政策出台,不仅有力地回击了欧美的"双反"制裁,还落实了中国脱贫攻坚任务与发展光伏产业政策相结合的发展战略。

政策分析:按传统经济学理论,当欧美"双反"制裁我国光伏产业,少了国际市场出口,必然导致我国光伏产业产能过剩,走向"倒闭潮",大量银行贷款成为坏账,产业工人失业。但就在这时,我国政府出台产业政策调节市场,维持中国的光伏产业发展。同时,既然财政要承担这个产业政策的成本,我国把光伏产业直接转向中西部、西北地区光照充足、降雨稀少的国家级贫困县进行扶贫。例如,2018

年 10 月 12 日，中国海拔最高的村级光伏扶贫电站在黄河源头的青海省果洛藏族自治州玛多县并网发电。该扶贫电站于 2018 年 6 月 20 日开工建设，所在地海拔 4290 米，占地面积约 119 亩，装机容量 4.464 兆瓦，预计年发电量 680 万千瓦时，光伏发电收益将用于增加当地村集体及贫困户收入，惠及 11 个村 628 户 1686 名贫困人口。[①]

这就是我国政府应对被国际制裁的光伏产业不能出口和面对脱贫攻坚公益市场的创新实践，通过产业政策跨部门协同互补，只用财政的一笔钱，撬动了第一、第二、第三部门把中国脱贫攻坚与发展光伏产业相结合，实现一石多鸟的效果。其一，有利于扩大光伏发电市场，光伏产业和就业不仅保住，还得到进一步发展；其二，符合精准扶贫战略，促进贫困人口稳收增收，帮扶贫困地区脱贫；其三，符合国家清洁低碳能源发展战略，光伏发电清洁环保，清洁能源占比上升；其四，国际话语权提高了，有力地回击了欧美"双反"制裁。

三、政府如何试点定制公益产品

政府除了可以宏观调控公益市场，也可以成为公益市场的特殊参与主体即试点定制公益产品的主动消费者。因为公益产品一般是非中位数的公共服务产品，所以政府绝大多数采取一次性试点定制的模式消费公益产品，而不是直接纳入每年的财政预算采购支持。

试点模式一般有两种：第一种是政府有钱可以委托公益市场的"实业"机构合作直接定制公益产品；第二种是政府缺钱可以先推动当地公益市场的"金融"机构成立后间接定制公益产品。但无论是直

---

① 罗云鹏. 中国海拔最高的村级光伏扶贫电站并网发电 [EB/OL]. 人民网，2018-10-21.

接还是间接进行试点定制公益产品，我们都既要保证政府和社会组织、企业在公益市场的合作不"缺位"，也要能清楚地看到政府和社会组织、企业的边界不"越位"，准确地踩到那根线，做政府不方便直接插手、无法涉足解决的社会问题及时"补位"，成为政府的有益补充。第一种模式政府有钱进行公益消费，比较简单容易，在这里不展开阐述，以下重点展开阐述第二种模式即政府缺钱进行公益消费，如何盘活本地资源作为公益生产要素发展当地公益市场解决本地问题。

　　如果说以上出台创新的产业政策的权限只有层级较高的政府有机会参与，那么基层政府的绝大多数部门必然要参与到社区基层治理公益市场的实践。社区是基层治理的"最后一公里"，基层政府通过鼓励和支持社区基金（会）发展的模式，可以撬动更多的社会资源服务本土，最大化地用好本地资源解决本地问题，让捐赠人自主决定善款用途和动员社区居民共同解决社区问题，同时也让捐赠人成为受益人，从而推动社区可持续发展。

　　社区基金（会）的核心特征是"三本"，即本地资源、本地利益相关者和解决本地问题。而社区基金（会）基于其核心特征，在赋能社区共建共治共享方面有着天然的优势。首先，因为社区基金（会）由民间发起成立或设立，具有立足本社区实际，深耕社区本地的天然属性。所以与政府相比，社区基金（会）解决社区问题可以更直接、更感性、更快捷。其次，社区基金（会）的基金是公共、公益财产，用来解决居民自己商议出来的问题。在这个过程中，居民能形成公民意识：我的社区建设我有责任。公众对美好生活都有向往，同时这份向往的实现人人有责。再次，社区基金（会）不止于扶贫济困和一般慈善活动，更可以多元化地满足老百姓参与公共服务和管理；能够聚集和运营社会公益资源的功能，可以充当社区需求与资源之间联系的纽带；通过扶持培育当地社会组织，促进社区发展，让社区资本与公益组织形成良性循环的生态链。最后，社区基金（会）相对独立的治理结构，又可以调动社区居民参与社区共治，促进基层民主协商，优化末梢管理，助力打造社区治理共建共治共享格局的实现。①

关于社区基金（会），我们常用社会资本来解释，社会资本是指个体或团体之间的关联——社会网络、互惠性规范和由此产生的信任，是人们在社会结构中所处的位置给他们带来的资源。② 社区基金（会）就是能在社区建构这样的社会网络、互惠性规范和由此使社区居民与居民之间、与社区组织之间、与基层政府之间产生信任。而以上的网络、规范绝大多数发生在邻里间、正式或非正式的俱乐部以及人们的工作场所里，所以我们不妨也可以从经济学中的俱乐部理论进一步解释社区基金（会）的模式。俱乐部理论或称为社团理论，由经济学家詹姆斯·布坎南（James Buchannan）和查尔斯·蒂布特（Charles Tiebout）提出。俱乐部是一种组织，它仅对组织成员提供商品，即俱乐部产品。在俱乐部内部，成员对俱乐部产品的消费是平等的、非排他的，俱乐部为了提供产品而支出的成本的补偿来自向俱乐部成员的收费。但收费的原则可以是平等的也可以是不平等的。俱乐部理论中有一个关键的概念就是拥挤。俱乐部成员所获得的俱乐部产品的数量和质量依赖于成员的数量及其构成，那就是存在着拥挤。如果拥挤等于零，那么与纯公共产品的情况一致。如果俱乐部的规模为一个人，

---

① 深圳市慈善会. 慈善创变的深圳模式 ［M］. 广州：南方日报出版社，2022：31-32.
② 林南. 社会资本：关于社会结构与行动的理论 ［M］. 张磊，译. 上海：上海人民出版社，2005.

实际上就是私人产品；如果是所有人，那就是纯公共产品。所以用俱乐部产品可以将产品进行从私人产品到公共产品的连续处理。拥挤性是俱乐部产品的关键。社区基金（会）也可以看作俱乐部组织，社区居民就是俱乐部的成员，社区基金（会）为了社区居民和社区发展提供公益产品而支出的成本的补偿要向社区居民进行"收费"，但这个"收费"之所以难是因为没有任何强制力的规范要求，而是传统模式一般要靠社区居民自愿捐赠来进行付费，这就倒逼了社区基金（会）提供的公益产品市场化，满足社区居民的主动和被动消费的需求或者满足基层政府试点定制公益产品的需求，觉得物有所值，才能让俱乐部成员持续"复购"消费。例如，深圳市的蛇口社区基金会从政府主导到自发生长，还有凤凰社区基金会、光明社区基金会、坪山社区基金会都是当地政府对试点定制社区基金会这款平台型公益产品的有益探索。①

　　这里笔者想重点分享成都市麓湖社区发展基金会的案例如何在实践中应用俱乐部理论，盘活社区的公益生产要素发展当地的公益市场，促进社区利益相关方持续"复购"消费公益产品，主动回应社区问题和政府创新基层社会治理的需求。

　　案例：成都市麓湖社区发展基金会——让社区成为居民的俱乐部

　　麓湖社区位于成都天府新区核心地带，占地近万亩，水域有 100个足球场大，内部约 50 个独立组团，外部没有围墙，已经开发十年、还要再十年，已入住 3000 套、已售 10000 套、最终 3 万户，加上商业板块，人口将超 15 万人，俨然是一座小城。麓湖社区有大量的公区——包括湖泊与公园，都是开放的城市资源，面临长期管理和利用

---

①　深圳市慈善会. 慈善创变的深圳模式［M］. 广州：南方日报出版社，2022：34-41.

的问题。所以必须充分考虑未来地产开发商退出后，麓湖如何能够持续保持活力，这就需要我们麓湖社区的利益相关方即基层政府、地产开发商、社区居民等提前培育足够的社区社会资本，实现社区永续发展的使命。

然而，麓湖社区如何培育足够的社区社会资本呢？麓湖社区居民骨干开始思考和行动，首先，对标世界知名的田园城市——莱奇沃思，以及美国最著名的一生之城——里斯顿，学习了它们通过基金会共同管理和发展地方公共事业，都维持了几十乃至上百年的幸福与魅力。值得一提的是，莱奇沃思 3 万居民，社区基金会的理事会（30 人）是小镇自治的核心，总计社群 400 个，注册社群 115 个，社群是莱奇沃思保持长久活力的强劲动力。正如麓湖社区基金会梁艳秘书长的观察发现，在社群参与中成为熟人，获得的信任、友谊、情感，就像获得的存款即社会资本；在熟人社会中，大家会珍惜自己的存款，不轻易乱来，学会信任、学会勇敢先付出。①

然后，为了同样实现麓湖永续发展，2019 年，地产开发商万华发起并捐赠资金成立麓湖社区基金会，经过一年多的筹备，逐渐完成了麓湖社区基金会的章程制定以及第一届理事会的搭建，之后就将由麓湖社区基金会理事会负责社区基金会的决策和发展。万华将在开发期内陪伴麓湖社区基金会成长，通过 10 年时间逐步赋能还权，使麓湖社区基金会具有较好持续募集资金和运营管理能力。此时，麓湖社区基金会真正成为俱乐部组织，并不是任何一家单位或个人所控制的，麓湖社区的所有利益相关方都是俱乐部的成员，开始盘活社区的公益生

---

① 引自：成都市麓湖社区发展基金会梁艳秘书长于 2023 年 3 月 1 日的课件《社区营造背景下社区志愿者培育及社群运营实践》。

产要素，以先土壤后庄稼模式为社区居民和社区发展提供绿动计划、群岛计划、微光计划、暖心计划、绿色环保、儿童友好、协商议事、创新孵化等公益产品，俱乐部的成员出心出席出钱出力既是公益生产者也是公益消费者，即既是捐赠人也是受益人。（如图6-1）

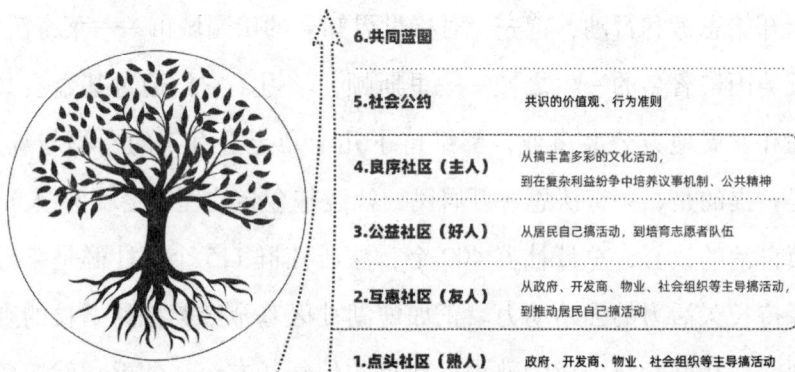

麓湖社区营造模式:先土壤+后庄稼，才能实现共同蓝图

6.共同蓝图

5.社会公约　　共识的价值观、行为准则

4.良序社区（主人）　从搞丰富多彩的文化活动，到在复杂利益纷争中培养议事机制、公共精神

3.公益社区（好人）　从居民自己搞活动，到培育志愿者队伍

2.互惠社区（友人）　从政府、开发商、物业、社会组织等主导搞活动，到推动居民自己搞活动

1.点头社区（熟人）　政府、开发商、物业、社会组织等主导搞活动

图6-1　麓湖社区营造模式①

　　为什么基层政府、地产开发商、社区居民愿意主动参与到麓湖社区基金会这个俱乐部进行社区营造，持续生产和消费公益产品？

　　对于政府而言，这是社区治理对公共服务延伸不断"填空"的过程。因为基层政府主要提供教育、医疗、交通等基础的社区服务，无法全面顾及社区的活力、秩序、人文和发展，但这些恰恰又是社区居民的新需求。所以，《中共中央国务院关于加强基层治理体系和治理能力现代化建设的意见》中明确提出："创新社区与社会组织、社会工作者、社区志愿者、社会慈善资源的联动机制"。基层政府在社区发展中要发挥五社联动，即社区、社工、社会组织、社区志愿者、社区慈善资

_____

　　①　引自：成都市麓湖社区发展基金会常务理事长邝宁观察梳理总结。

源，才能在有限的财政资源下，更好地实现社区共建共治共享。

对于地产开发商而言，这是社区空间不断做大面积"填空"的过程。因为地产开发商的房子销售的面积是有限的，即每个业主的房产证面积，物业服务也只是按契约精神服务，但有了社区业主的社群，就会造活了社区的美术馆、水上剧场、社区图书馆、商管公司等，真正实现了不仅仅是卖了房子的物理面积，还卖了社区的精神空间，在提高社区服务品质的同时提高了房价持续增值。

对于社区居民和市民而言，这是打开视野走出自己那"一亩三分地"发现新空地的"填空"过程。（如图6-2）因为无论社区居民还是社区外的市民，以前一直都是居住在自己的物理社区，但有了麓湖社区基金会这个俱乐部，发现了自己的认知社区是美好生活的空地，可以组织兴趣社群、策划龙舟节等社区活动、自主参与社区治理等，

麓湖蓝图：社区营造就是填空

多元共创

谁来造 / 造什么	政府 五社联动	万华 前期地产 后期物业	居民 从被服务 到自服务	市民 围墙内外 共处共建	商家
社区服务	交通、教育等基础服务	社区班车 麓信社菜铺 物业公司	健康小屋 组团微基金		
社区活力		水上剧场 A4美术馆	参与社区活动 小圈子交往 点头打招呼	龙舟节 渔获节 春晚 麓客社群联合会 麓客艺术团	麓客岛集 集市
社区秩序	社区两委		业委会 组团共益会 麓湖共益会		垃圾不落地
社区人文	党建工作	寻麓书馆	志愿者队伍	儿童友好	善淘慈善商店
社区发展	D1-D4综合体	商管公司	麓湖基金会 麓邻公司		麓湖商业联合会 天府美食岛

（利益维度）

图6-2 麓湖蓝图：社区营造就是填空①

---

① 引自：成都市麓湖社区发展基金会常务理事长邝宁观察梳理总结。

实现了社区居民从被服务到自服务，社区外市民从围墙内外到共处共建，特别是共同创新地发起社区社会企业麓邻公司。

综上所述，不是只有政府出政策、资金主导发起的社区基金会才是试点公益产品，其实，政府做好引导、支持、共创社区基金会也是一种更低成本参与生产和消费试点公益产品的实践方式。社区基金会就是以俱乐部组织的形式吸引和动员更多社区利益相关方参与进来，盘活社区的公益生产要素，俱乐部成员主要包括基层政府、地产开发商、社区业主和市民等共同设计生产出自己都乐于消费的公益产品，从而培育社区的社会资本，持续地回应社区问题，可以很好地助力到政府对创新社区治理实现加强基层治理体系和治理能力的现代化建设的需求。

第七章 公益市场的高质量发展

在公益市场上，把实施扩大公益消费内需同深化社会服务的供给侧结构性改革有机结合起来，同样要把两者统一到高质量发展的要求上来。

近期，笔者学习了刘鹤副总理撰写的一篇文章《把实施扩大内需战略同深化供给侧结构性改革有机结合起来》，特别受到启发。供给和需求是经济发展的一体两面，两者之间平衡是相对的，不平衡是绝对的。解决供求失衡问题要找准主要矛盾和矛盾的主要方面，科学把握两者的关系，提出适应时代要求的发展思路，以新的理论指导新的实践。① 同样，供给和需求也是公益市场的一体两面。两者不平衡是"绝对的"，即在没有外力干预的情况下，大概率是"不平衡的"。而两者的平衡是"相对的"，即在有外力干预的情况下，两者可以在某些领域、某些时间节点实现"相对的平衡"，而且这种平衡也是在"创新的思维"下，短期内大致实现"平衡"，很难实现完美的平衡。

我国已全面建成小康社会，大部分领域"有没有"的问题基本解

---

① 刘鹤. 把实施扩大内需战略同深化供给侧结构性改革有机结合起来 [N]. 人民日报，2022-11-04 (6).

决，"好不好"的问题更加突出，需要通过高质量发展解决我国社会主要矛盾。① 也就是说，公益市场中的公益产品或社会服务的"供给"，重心已经不是"数量问题"，而是"质量问题"。由高速增长阶段转向高质量发展阶段是新时代我国经济发展的基本特征。高质量发展是解决发展不平衡不充分问题、体现新发展理念的发展。按照高质量发展的要求，扩大的内需必须是有效需求，是满足人民群众个性化、多样化、不断升级的需求，是有合理回报的投资、有收入依托的消费、有本金和债务约束的需求，是可持续的需求。深化供给侧结构性改革必须在提高供给体系质量和效率上做文章，提升供给结构对有效需求的适配性，不能形成不符合发展方向和市场需求的落后产能和产品，造成社会资源和财富浪费。② 同样，在公益市场上，把实施扩大公益消费内需同深化社会服务的供给侧结构性改革有机结合起来，同样要把两者统一到高质量发展的要求上来。

　　"扩大公益消费内需"，首先是生产出来的公益产品必须有人愿意付费要的，而不是伪需求，只靠政府埋单。其次，生产的公益产品不能再"千篇一律"那么传统了，要有"个性化特征"、"种类"要多、"精神层次"要高。"扩大公益消费内需"的过程中，主动引导理性和非理性的积极力量支持公益，必须坚持"要做可持续的公益产品（纯捐赠投入却没有产出不可取）""要做有付费的公益产品（不能只是讲情怀但全免费模式）""不要做还不起债或无法兑现承诺的公益产品（控制好运营的杠杆和不盲目扩张）"。

---

① 刘鹤. 把实施扩大内需战略同深化供给侧结构性改革有机结合起来［N］. 人民日报，2022-11-04（6）.
② 刘鹤. 把实施扩大内需战略同深化供给侧结构性改革有机结合起来［N］. 人民日报，2022-11-04（6）.

　　经济发展最终靠供给推动，从长期看是供给创造需求。当前和今后一个时期，制约我国经济发展的因素，供给和需求两侧都有，但矛盾的主要方面在供给侧，表现在供给存在卡点、堵点、脆弱点，供给结构不能适应需求结构变化。① 同样，在公益市场上，"深化社会服务的供给侧结构性改革"，也要发挥创新第一动力作用，持续推动科技在公益应用创新、公益行业政策制度创新、公益组织创新、公益产品创新、公益理念创新，以集合影响力和生产要素创新突破供给约束堵点，以负责任的理念和自主可控、优质有效的供给满足和创造需求。特别是有需求但未得到有效满足的领域，如乡村教育、育幼养老、精神心理、绿色生态产品等。

　　综上所述，现在的公益市场要走上高质量发展，无论是需求侧还是供给侧，我们都要发现新动能并推而广之，其中，特别值得介绍的是非理性的积极力量如何利用。

一、如何利用非理性的积极力量扩大公益消费需求

　　前文提及公益经济学的公益市场主体的基本假设是经济人假设，可以推定公益慈善行为都是利己的假设，但并不都是理性的，存在非理性的行为但是可预测和引导。有时候，更多的理性思考似乎是很好的忠告，可以改善我们的公益决策，但也会让我们缺乏爱心，不去做舍己为人的公益事业。所以，我们也要特别关注和引导非理性的行为转化为积极力量落地到公益市场消费。

　　在公益市场中，筹款是一个绕不开的话题。然而，要说服捐赠人

---

　　① 刘鹤. 把实施扩大内需战略同深化供给侧结构性改革有机结合起来 [N]. 人民日报，2022-11-04（6）.

捐款并非易事。正如消费者有冲动型和慎重型一样，捐赠人也有冲动型和慎重型两种捐赠类型。冲动型捐赠主要依赖情感反应而迅速做出捐款决定，通常捐助者更重视捐助行为所带来的即时情绪体验；慎重型捐赠则是经过深思熟虑后做出的捐款决定，捐助者通常会有意识排除情绪情感因素的诱惑，并且愿意深入了解受助者以及自己捐助所产生的成效。[①] 简而言之，前者是非理性公益，后者是理性公益，利用这两种捐赠分类，可以引导我们使用针对冲动型的和慎重型的营销技巧——植根于行为经济学的"助推"，分别设计不同的筹款策略。这些技巧策略可以深刻地影响人们的捐赠数额，以及对接受捐赠组织的选择。

冲动捐赠让你感觉良好。很大一部分慈善捐赠来自冲动型的捐赠者对慷慨之心的快速反应。这些捐赠行为提供了快速易得的情感满足。冲动型捐赠者通常是对呼吁做出反应，而不是考虑长期捐赠计划或仔细评估慈善对象。移动平台的兴起促进了冲动捐赠的普及，使潜在捐赠者比以往任何时候都更容易通过微信、支付宝、抖音等进行即刻的、通常是小额的捐款。

与冲动型消费类似，这种捐赠特别容易受到我们大脑心理捷径的影响。和冲动型消费一样，这种捐赠也可以通过营销手段，用情感呼吁诱使人们进行捐赠。例如，来自有吸引力的明星网红或者身边朋友圈熟人的捐赠请求往往能筹集到更多的资金，而捐赠者对一个有名字和故事可讲的单个案例的捐赠也会更多。为什么我们选择帮助某个人，却漠视许多人的痛苦？因为这取决于个人的感情偏好，而这感情偏好，往往取决于"可识别受害者效应"以及密切度、生动感与"杯

---

① 来源：https://mp.weixin.qq.com/s/_YXPUXTY8hnr2XR7p8_Euw.

水车薪"效应等这些心理因素。① 简而言之，我们偏好密切、单一、生动事件的感情偏见可以促动我们采取广义上的公益行动。

行为经济学在公益市场上提供了一种选择，帮助人们在保有选择权的同时实现其意图。虽然我们将这些策略的重点放在冲动型捐赠上，但是它们也可能对慎重型捐赠有所帮助，因为它们的最终目的都是消除阻碍人们贯彻捐赠意图的行为障碍。让捐赠行为变得简单，并使其令人感觉良好，这在所有的慈善捐赠中都是有用的技巧。然而，我们必须注意到，从冲动捐赠中获益最多的慈善组织是那些有能力为营销策略付费的机构，而并不一定是那些最能实现其慈善事由的机构。斯坦福社会创新评论《劝人捐赠的十大助推技巧》有具体介绍冲动型捐赠的六种助推技巧和慎重型捐赠的四种助推技巧②，有兴趣的伙伴可以自行查阅。另外，"影响力教父"罗伯特·B. 西奥迪尼的《影响力》一书的六大原则（分别是互惠、承诺和一致、社会认同、喜好、权威、稀缺）也非常值得我们借鉴并用于深入研究捐赠人的心理需求，从而更好地掌控非理性的积极力量来扩大公益消费需求。③以下举些例子进行说明。

（一）让捐赠人即时感受到获得感

互惠原理认为，我们应该尽量以类似的方式报答他人为我们所做的一切。简单地说，就是对他人的某种行为我们要以一种类似的行为去加以回报。如果人家施恩于你，你就应该以恩情报之，而不能不理

---

① 丹·艾瑞里. 怪诞行为学 2 [M]. 北京：中信财经出版社，2017：199-216.
② 来源：https://mp.weixin.qq.com/s/_ YXPUXTY8hnr2XR7p8_ Euw.
③ 罗伯特·B. 西奥迪尼. 影响力 [M]. 北京：北京联合出版公司，2016.

不睬，更不能以怨报德。因此，慈善组织可以通过缩短捐赠与捐赠导致的积极感受之间的延迟时间，并通过增强好感本身来加强冲动捐赠的情感回报。慈善组织应立即向捐赠者展示其捐赠或消费公益产品的直接效果甚至是能实现捐赠人和受益人之间的互动，例如，采取受助自闭症儿童的艺术画作等文创产品、受助大学生自愿道谢的视频或生态保护行动的现场直播等方式进行回报反馈，从而让捐赠人立即感受到获得感，甚至积极分享传播，如"小朋友画廊"的经典公益传播筹款案例。

（二）建立承诺捐赠机制

承诺和一致原理认为，一旦做出了一个选择或站在了某种立场，我们就会立刻碰到来自内心和外部的压力，迫使我们的言行与它保持一致。在这样的压力之下，我们会想方设法地以行动证明自己先前的决定是正确的。因此，慈善组织通常鼓励个人在最感动的时候认捐一定的金额，之后再付款。例如，校友基金会组织的慈善晚宴或晚会上发布的公益项目，有的人基于瞬间画面的感动而口头承诺，有的人基于那个时间点的人设形象需要而举手承诺，这时慈善组织工作人员就要抓紧时间递给认捐人签名确认或直接给出捐款二维码落实。让人们参与月捐即从每月工资中自动捐出一笔钱是另一种有效的承诺。或者，捐赠者可以约定，每当某一事件发生时，他们就会向他们选择的慈善机构捐赠一定数额的资金。为了使这一承诺更有说服力，捐赠者可以提前承诺与家庭成员、其他捐赠者、慈善机构本身见面，讨论他们的捐赠计划。

（三）聚焦圈层的社会规范

社会认同原理认为，在判断何为正确时，我们会根据别人的意见行事，尤其是当我们在特定情形下判断某一行为是否正确时。如果看到别人在某种场合做某件事，我们就会断定这样做是有道理的。慈善组织已经开始探索如何利用社会知名度，例如，ALS 冰桶挑战。加深与社交媒体的合作有助于将冲动付出与同伴行为联系起来。社交网络可以支持现场捐赠活动，通过改变人们的网络档案来认证其活动参与。慈善组织可以提供同行之间的捐赠水平对比排名，就像家庭能源报告一样，让人们看到自己的能源消耗与邻居的对比。下面这个案例，就是通过非常巧妙但简单易行的方式，利用社会认同原理，成功地通过社会规范让更多的人选择了环保的行为。

这个研究发生在酒店行业。大家如果住过酒店，就会发现酒店每天更换毛巾、床单等是一笔很大的开销，同时也会消耗和浪费大量的水电资源。所以不少酒店都想出各种各样的办法，鼓励客人在入住期间尽量少换，甚至不换浴巾和床单。估计你也见过不少类似的标志。但你有没有想过，什么样的劝说方式更有效果？

在这个研究中，研究者在一家酒店做了两次实验，正是想探讨上面这个问题，怎样才能更有效地让入住客人重复使用浴室毛巾。第一个实验持续了 80 天的时间，研究人员观察了 190 个酒店房间里客人重复使用毛巾的比例。当然，这个实验有一个操纵项，就是在这 190 个房间里毛巾架子上方的墙上，贴了两种不同的标志。

在其中一半的房间里，这个标志上面写着："帮助拯救环境：您可以通过在住宿期间重复使用毛巾，来表达您对自然的尊重并帮助拯救环境。"

而在另一半的房间里，这个标志上面写着："加入你的同胞，一起帮助拯救环境。大约 75%的客人被邀请参加我们的节能活动时，都会重复使用毛巾。您可以与这些客人一起加入这个活动，并通过住宿期间重复使用毛巾来帮助拯救环境。"

请你猜一下，哪种标志会导致更多的客人重复使用毛巾？估计你大概率会猜对。当标志展示的信息体现了社会规范，也就是大多数人的做法时，有 44%的客人在入住期间重复使用了毛巾。但当标志只是强调拯救环境时，重复使用毛巾的客人的比例只有 35%，有将近 10个百分点的差距。

由此可见，劝说人们选择环保行为的一个非常有效的方式，就是告诉他，别人都这么做了。于是人们普遍存在的从众心理，也会让其随着大流，做相同的事情。

但是不是所有的"别人"对你的影响都是同样大呢？这个"别人"可能是和你更相似、关系更亲密的人，也可能是与你毫无关系的他人，哪种人的做法对你影响会更大呢？没错，一定是和你关联性更大的"别人"对你产生的影响更大。在前面提到的这篇文章中，研究者用另一个很巧妙的实验证明了这一点。

这一次同样是在酒店里做的实验，实验延续了 53 天。但这次酒店房间里贴上了三种不同的标志。第一和第二种标志和前文实验一样，第三种标志是新增的，说的是"在过去住过这间客房的客人中，有 75%的客人参与了酒店的节能活动并重复使用毛巾。你也可以加入他们的行列，通过重复使用毛巾来帮助拯救环境"。

在这三种情况下，你觉得哪种标志会更有说服力？没错，在第三种情况下，也就是当这个参考群体离你更近的时候，它对你的影响力是最大的。当被告知之前入住同一房间的客人大部分加入了这个节能活动的时候，有将近50%的人加入了节能计划，并真正重复使用了毛巾，这个比例要明显高于另外两种情况。

这个实验为我们揭示了一个很清晰的结论，就是想助推他人选择环保的行动，或者其他任何你觉得正确的事情，一个非常有效的方式就是告诉他，别人都这么做了，而且最好这个"别人"，离你想要影响的人群越近越好！类似的实验以及现实生活中的例子还有很多。鼓励他人多用公共交通、进行垃圾分类、减少吃自助餐时的浪费，都可以运用社会规范的作用。

当然，当某些行为还没有被广泛接受或践行的时候，你很难说"80%的人已经这么做了"。这时，榜样或者某些公众人物的做法就可以成为一个锚点，引导大众的行为。当年姚明拒绝吃鱼翅的公益广告，影响了很多人，也在保护鲨鱼方面成为华人的表率。[①]

（四）营造竞争稀缺资源的感觉

"机会越少见，价值似乎就越高"的稀缺原理会对我们行为的方方面面造成影响，对失去某种东西的恐惧似乎比对获得同一物品的渴望更能激发人们的行动力。因此，为了减少重复同一公益行动捐赠的厌倦感，慈善组织可以将人道主义或社会公益慈善事业的新发展趋势或新方法论描述为新颖和紧迫的，告知经常性捐赠者参与的机会是稀缺的，是需要竞争的新项目，并鼓励捐赠者参与到开创性的事业中。例如，世界文化遗产的保护，敦煌研究院管辖下的莫高窟等石窟的门

---

① 朱睿，童璐琼. 决策的逻辑 [M]. 北京：天地出版社，2022：183-186.

需要更新，只有 472 扇门，可见其实现公益愿景的机会是稀缺，能一定程度上激发捐赠者的渴望。

综上所述，无论是哪种助推募捐策略，目的都是让非理性的行为变得简单行善，并使捐赠者获得良好体验。慈善组织可以在行为经济学的研究成果的指导下，制定最适合自己的筹款方法。

二、如何遵循非理性的积极力量设计公益产品的供给

接下来在这里想重点介绍"行为设计学"鼻祖，斯坦福行为学家福格（B. J. Fogg）博士创建的 Fogg 行为模型。这个模型发现了让人们行动起来缺一不可的三要素：人们同时具备动机、能力和触发才会采取行动。如果缺少一个要素，人们可能不会如你所愿行动起来。行为＝动机+能力+触发（B＝MAP）

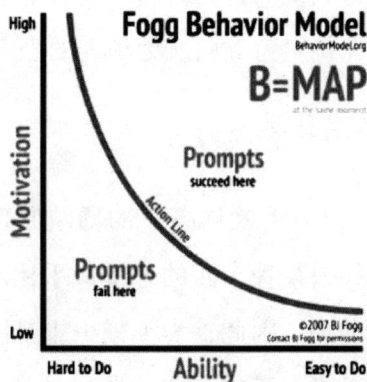

图 7-1　福格（B. J. Fogg）博士的 Fogg 行为模型①

如图 7-1 所示，在此模型中，动机越强烈，就越有可能去做那些较难完成的事情；相反，如果被促使做一些简单的事情，就不需要较

① 来源：https：//mp. weixin. qq. com/s/5Drju-X-iujTSgw-t8QqNw.

强的动机去跟进。行动曲线划分了成功驱动行动（Succes，曲线之上的区域）与没能驱动行动（Failure，曲线之下的区域）。当人们在曲线之上被触发时，他们就会采取行动；当人们在曲线之下被触发时，则不会有任何的行动。如何才能确保你付出的努力能够准确地落到 Fogg 行为模型中行动曲线成功驱动的一边呢？我们可以分享您以下几项建议来设计公益产品，但更多的建议您可以多看看福格博士著的《福格行为模型》。

（一）动机，让公益消费者找到实现愿望的黄金行为

根据以上福格行为模型，想要设计一个成功的慈善组织的公益行动触发或者号召，您需要理解您的客户动机和能力，帮助客户做他们已经想做的事和感受成功。正如福格博士所言："愿望是改变人生的绝佳起点，但无论你想进行何种改变，为自己匹配'对'的行为都是改善生活的关键。"[①]

在公益市场中，大多数人认为动机是促成公益行为的真正驱动力，但事实并非如此，因为动机往往是易变的，动机冲上顶峰后会迅速回落。所以，首先公益产品的设计就是要公益生产者和消费者共同构建明确的公益愿望作为连结点，其次探索分析二者的日常行为选项包括业务行为、消费行为、生活行为，找到最能匹配二者日常行为和公益愿望交集的具体行为。如看新闻做公益，"今日头条"的"一分钟、一份爱"公益项目，用户只要积累每日阅读时间，再兑换公益金后，就可以选择参与不同的公益项目。又如支付额做公益，"支付宝"的"蚂蚁森林"，将支付额设计为可换算公益权益的方式。再如旅行

---

① B.J. 福格. 福格行为模型 [M]. 天津：天津出版传媒集团，2021：52-82.

做公益，"EASIN 国际义工旅行"让旅行者在深度旅途中参与体验公益项目。

特别值得一提的是，五十千米徒步做公益，百里善行始于足下。"佛山五十公里徒步"为慈善助力儿童大病医疗项目，这是我在佛山市慈善会工作的时候亲自参与策划的，这个项目有两个公益愿望和日常行为的交集点：1. 本次徒步活动的主办方接受报名人数 11 万人（其中禅城线、南海线以及顺德线各有 3 万个名额，高明区、三水区各有 1 万个名额），报名费 30 元/人，有沿途盖章打卡的见证册，主办方将从报名费中抽取 10%，捐入佛山市慈善会儿童大病医疗救助项目。2. 本次徒步活动增设慈善报名 1000 个名额，捐赠 100 元/人设立冠名微基金，以此进行报名，五区线路任选，不仅有沿途盖章打卡的见证册，还能获得一个纪念背包、一件纪念 T 恤等物资。近些年随着佛山城市升级以及生活质量提升，佛山市民们越来越看重健康，在城市徒步逐步成为刚需的日常行为。而有关大病医疗救助项目是很难筹款的，绝大多数是用卖惨的形式进行募捐，但通过"佛山五十公里徒步"为慈善助力儿童大病医疗项目，把自己健康和助医的双重愿景和徒步相结合形成公益产品，普通市民则可以通过自己参与徒步的方式，间接支持公益，另一些热心公益的市民或热心徒步但因抢不到正常报名的名额或自己喜欢线路的名额，则可以通过捐赠 100 元设立冠名微基金直接支持公益，而且还能获得超值的物资装备参与徒步。无论是哪种消费公益产品的方式，都切实促成了公益行为。最终，2016年活动筹款逾 30 万元，2017 年、2018 年活动筹款均逾 40 万元。

（二）能力，让公益行为简单到随时顺便都能做

正如福格博士所言："人类的天性决定了我们无法长期坚持做令

自己痛苦的事情，但如果从容易做的事情开始，就可以做到你想做的几乎任何事。"① 大物始于小，培养参与公益的习惯也是同样的道理，从小处和简单着手，从微公益开始。

在公益市场中，不少慈善组织的管理团队会进入一种误区，只要对公众提出宏大的使命价值观，描绘出改变世界的美好愿景，就会认为公众应该要大力支持，应该要和我们一起改变世界。然而比起讨论这个世界应该是什么，不如先看清楚眼前这个世界是什么，眼前能做些什么微公益实现小改变，努力降低公众参与公益消费行为的能力门槛。根据福格博士的研究总结，能力因素包括时间、资金、体力、脑力和日程。这5个因素组成了一条能力链，能力链的强度等于其中最薄弱的一环。② 所以，公益产品的设计要充分评估对客户的能力链每个环节的影响，例如，百胜中国的"捐一元"项目，早在2008年移动互联网普及之前，专门通过对公司财务系统和收银系统全面改造，为"捐一元"项目设置专门按键，当消费者同意捐款时，餐厅工作人员只需按"捐一元"按键，一元捐赠门槛低且无需消费者花时间操作捐赠转账事宜，从而实现了随手公益。公众想要参与公益成为公益消费者，可以根据自身的能力链进行筛选微公益行为，例如，微信捐步做公益，公众只要是微信用户，通过每天最简单的走路，达到一定数量就可以将步数捐出，而背后是合作企业根据用户捐赠的步数，折算成实际的款项捐赠给用户捐步的公益项目，即可日行一善。除了线上，我们公众每年都会线下参加当地的民俗活动，近年来，佛山市的部分传统民俗活动融入了新的慈善元素，例如，禅城的"行通济"、容桂

① B. J. 福格. 福格行为模型［M］. 天津：天津出版传媒集团，2021：84-111.
② B. J. 福格. 福格行为模型［M］. 天津：天津出版传媒集团，2021：84-111.

的"观音开库"、仕版的"城隍庙诞"等，慈善组织都可以借助民俗活动在当地社区的影响力创新慈善参与形式，零门槛地带动更多普通公众参与进来体验民俗慈善活动，从而做出小改变认捐"生菜会"慈善斋宴或认购义卖的产品等进行祈福。小改变也许没那么吸引人，但它是一种可持续的成功。在人们想做出的大多数人生改变中，有时采取小行为也许会比大胆的行为更有效。

（三）提示，善用锚点时刻让公益行为立刻发生

福格博士认为："没有提示，行为就不会发生，提示就是在对你说：现在就行动。"在福格模型中，动机和能力是持续存在的，而提示是非此即彼的。也就是说，你要么注意到它，要么忽略它。因此，提示一定要明确地适时出现。①

在公益市场中，大多数慈善组织对公益产品的研发设计都会特别重视，考虑到公益消费者的动机和能力，未有效地设计提示，导致公益行为的转化率不高。然而，如何设计"对"的提示呢？在福格模型中，首先确定客户的锚点，其次用试验将锚点与黄金行为联系起来，最后利用"最后动作"优化锚点。例如，当我们看到国内重大灾害的新闻的时候，新闻下方会有捐款链接弹出作为提示；当我们去到乡村旅游的时候，在回程的线路上设置公益助农的购物点作为提示；当我们用社交软件的时候，会看到身边朋友圈的伙伴当天参与公益活动分享的红色提醒作为提示；当我们路过献血中心或献血车的时候，收到关于倡议无偿献血的短信作为提示等。总之，我们要善于发现日常的锚点时刻加以利用，从而提示潜在公益消费者走完最后一公里落地转

---

① B.J. 福格. 福格行为模型［M］. 天津：天津出版传媒集团，2021：114-146.

化为具体公益行为。

（四）庆祝，及时又简单地让公益消费者感觉良好

福格博士认为："庆祝是习惯养成的'肥料'。每一次庆祝都会让相应的习惯牢牢地扎根，而坚持庆祝累积效果会滋养整座'习惯花园'。"[①] 在福格模型中，行为设计，本质就是情绪设计，积极的体验能够强化人的习惯，不是因为魔法，而是神经化学在发挥作用。所以说，一个人做出某种行为时的感受和他未来再重复该行为的概率，两者之间存在直接关联。

在公益市场中，公益产品的设计要对公益消费者的付出有酬赏的反馈机制，帮助到他们为每一次微小的公益行为付出而庆祝和感受成功。例如，慈善组织立即向捐赠者的捐赠行为反馈，如最简单的即时短息感谢、致以感谢信或其他纪念品，甚至邀请举办捐赠仪式等。当然，酬赏的方式很多而且是多变的，这里我们借鉴《上瘾》一书中的模型解读，多变的酬赏主要表现为三种形式：社交酬赏、猎物酬赏、自我酬赏。所谓社交酬赏，是指人们从产品中通过与他人的互动而获取的人际奖励。所谓猎物酬赏，是指人们从产品中获得的具体资源或信息。所谓自我酬赏，是指人们从产品中体验到的操控感、成就感和终结感。还有，"有限的多变性"会使产品随着时间的推移而丧失神秘感和吸引力，而"无穷的多变性"是维系用户长期兴趣的关键。[②]因此，未来我们公益产品对公益消费者而言也要制造源源不断的新意，或者建立起开"盲盒"的酬赏反馈机制满足不同层次的个性化酬

---

① B.J. 福格. 福格行为模型 [M]. 天津：天津出版传媒集团，2021：147-183.
② 尼尔·埃亚尔，瑞安·胡佛. 上瘾 [M]. 北京：中信出版集团，2017：82-119.

赏需求，及时又简单地帮助他们庆祝和自我感受良好。

三、如何对公益产品进行营销管理

"现代营销学之父"、《营销管理》的作者科特勒说"营销是公司的一切"。什么叫市场营销？什么是营销管理？科特勒用一句话概括最简洁的市场营销定义是"有利可图地满足需求"，将营销管理看成是选择目标市场并通过创造、传递和传播卓越顾客价值，来获取、维持和增加顾客的艺术和科学。① 其实，对于公益市场而言，社会组织、社会企业等同样适用，需要对公益产品进行营销管理。简而言之，我在公益市场也要有钱赚，就是每次在销售公益产品过程中我要有钱赚，要有利润而不是只按成本定价出售，才能持续支持公益事业发展，而我的利润来自我满足了公益消费者的需求，包括物质需求和精神需求。所以，科特勒说我们首先要做的不是生产产品，而是对需求进行定义。他喜欢拿马克杯举例，首先要干的事情不是生产一个马克杯，而是研究消费者需要怎样的马克杯，他们愿意为怎样的马克杯来买单。一个社会如果在短缺经济供不应求的时候，只能生产出一个马克杯的时候是不需要有营销的，产品过剩供过于求的时候才要做营销，世界上有很多人都在做马克杯的时候，就要去了解不同消费者的需求。

同样，对于我国现阶段公益市场而言，所谓的传统助学助医项目特别多，就是纯粹发助学金和医疗救助金那类项目早就供过于求，然而这些项目的发起人总自以为还有很大需求，自以为占据了道德制高点，捐赠人应该支持你。这里问题来了，这些传统助学助医项目有满

---

① 菲利普·科特勒，凯文·莱恩·凯勒. 营销管理［M］. 何佳讯，等译. 上海：上海人民出版社，2016：5-6.

足捐赠人的什么需求吗？凭什么应该要支持你？支持了这个项目能获得什么？值得我们思考的是在公益市场如何定义需求，满足谁的需求，如何满足需求，那么我们在推荐这些传统助学助医项目是在卖公益产品还是在卖原材料给捐赠人，显然原材料即受益人的需求对捐赠人来说根本不是需求的，如果是卖公益产品给捐赠人，他能获得什么值得付费支持，如果公益产品值得付费支持，就不是捐赠人帮助你，满足你的需求，而是你在帮助捐赠人，满足他的需求，包括参与感、获得感和成就感等，从而获得他的信任，你才算把公益产品成功营销出去。所以说，我们也要对公益产品进行营销管理，具体如何操作，首先，强烈推荐各位可以详细阅读和学习科特勒的《营销管理》这本书，共8个部分，23个章节，从理解营销管理、获取营销洞见到与顾客建立连结、建立强势品牌，从创造价值、传递价值、传播价值，到承担营销责任以实现长期成功，其中的原理、原则和包括4P（产品、价格、渠道、促销）营销组合和4A（可接受性、支付能力、可达性、知晓度）营销框架等策略都值得我们借鉴用于指导公益营销实践。在这里我主要想重点提下科特勒提出的社会营销，社会营销就是运用市场营销原理和技巧来影响目标受众行为，确保造福社会和个人的过程。凭借创造、沟通、传播和交换福利，以战略为导向的社会营销致力于在最大程度上为个人、客户、合作伙伴和全社会带来积极价值。在这里我结合公益市场分享一些创新的有关公益产品营销的实践和思考。

（一）如何设计公益产品的故事化营销

如图7-2所示，如果说捐款箱毫无获得感的捐赠方式代表的是公益筹款1.0时代，互联网单向度的社交捐赠即有获得电子证书、项目资金公示信息等简单反馈的捐赠方式代表的是公益筹款 2.0 时代，那么能够让捐赠人和受益人双向支持体验式公益的方式代表的是公益筹款 3.0 时代，我把这种新型参与公益的方式称为交互式公益，其实质是捐赠人（消费者）可以和受益人（生产者）背后的故事产生互动和共创公益产品。

图 7-2 公益筹款 3.0 时代特点

那么，设计公益产品的故事化营销，则是目前公益市场中公益产品供过于求格局下竞争突围的创新营销战略。我们发现交互式公益必将成为新的趋势，消费者想要和公益产品背后的故事与价值观产生连结和共鸣。正如资深的公益营销专家凌裕涵（下称：Eris）所说："好的公益传播并不只是帮助受助群体发声与筹资，更要帮助所有的大众通过这次传播拥抱自己本性的纯良即帮助所有人。"以下我打算分享三个和她深入交流过的关于设计公益产品的故事化营销的实践案例，相信会让大家有所启发。（如图 7-3）

图7-3 产品故事化营销案例①

1. 产品故事化：当大象自己成为设计师开始自救。

这个大象设计师的公益产品是怎么回事儿？这个就是 Eris 在做义工旅行的时候合作的一个大象救助站，因为疫情，旅游业停滞，这个大象救助站的大象已经完全没钱运营下去了，正要被商业机构收购，

---

① 引自：EASIN 国际义工旅行创始人凌裕涵于 2022 年 9 月 1 日的课件《公益传播中的借力打力》。

怎么办呢？总去筹钱也不是办法，因为筹钱的话，你可能哭穷了一次，但下一次别人不会理你，后来 Eris 就跟伙伴说，要不然做一些温暖的文创吧，然后伙伴就说他们不会设计，然后 Eris 说那你就让大象成为这个设计师。于是，他们就把大象平时吃的东西做成颜料放在这个大象身上，然后让这些就是领着很低的薪酬也不愿意放弃大象的象夫去拥抱大象，于是就有了这样的一件 T 恤，有了"拥抱的痕迹"这个故事，随后 Eris 团队一起把这个故事做成一条抖音视频，一晚义卖就筹了六十多万元。后面 Eris 和她的伙伴们还做出这种"鼻孔里的爱魔法"系列文创产品。看到这里，大家可能以为这只是一次公益营销，其实这不是一次性销售，最近发现那个网店的销量又忽然间猛增上来了，就是因为以前买了这个衣服的好几个网红突然拿这款公益文创的衣服出来讲故事了，这个故事谁讲谁火。但是反观我们为什么平时捐了款之后，我们不会拿着自己的捐款记录到处说我最近给哪个机构哪个项目捐了款，因为捐赠记录没有社交货币的属性，但衣服它恰好很有社交货币的属性，所以我们要学会把公益产品故事化的同时赋予其社交货币的属性。

2. 受助群体背景故事化：探索特殊孩子和探索宇宙一样，都在探索着特殊的星星。（如图 7-4）

这个项目在前文也介绍过，就是中华思源工程扶贫基金会主办的"繁星点点——星愿宝贝公益计划"，项目是为了让更多孤独症儿童及其他特殊儿童群体能够获得康复训练与特殊教育。这类特殊群体我们都称为"星星的孩子"，简而言之，探索这类特殊的孩子可以类比探

图 7-4　受助群体背景故事化营销案例①

索特殊的星星的故事。结果，Eris 联动一起参与这个公益项目发布的品牌共 30 多家，明星、知名博主约 200 多人参与共创这个故事。那为什么这个故事有这个魅力呢？就是因为我们挖掘到了这个公益项目中的价值点——探索特殊的星星的故事。其实每个组织都有自己的公益项目价值点，你找一找有没有一些企业在跟你做公益项目的一样价值观的事情，一旦有，你就很容易把这个变成一个杠杆，就会很容易变成一个撬动他们的点，比如说这一次 Eris 团队撬动的是谁？撬动的是中国航天，真的就是在宇宙维度探索特殊星星。所以 Eris 团队做到了什么事情呢？就是送你的名字上太空，如果你帮助了特殊的孩子，那我也就能帮助你一起把你的名字送到太空上面，我们一起去探索特殊的星星，因为特殊的孩子很难跟大家解释清楚，为什么他们跟我们不一样，但是当你放到宇宙的维度来讲，你就能讲清楚了。你看，我们不会要求火星变成水星的样子，我们也不会要求木星没有了它的纹

---

① 引自：EASIN 国际义工旅行创始人凌裕涵于 2022 年 9 月 1 日的课件《公益传播中的借力打力》。

理，但是我们却要求一个特殊的孩子，这个特殊的星星要变得正常和普通。可见，这个项目就是挖掘到了一个共同的价值点，也是这个价值点打动了非常多的各种各样的品牌方和用户参与进来，不仅一起共创这款公益产品消费而且自发传播销售。因为他们觉得这个项目很有意思，他们就完全加入，就是大家自己配位去做自己的角色了，那新世相就直接成为这个公益产品的主创之一，他们切入的共创方式是什么呢？因为新世相本身是情感类型的自媒体，所以他就说每个人心中都有自己的绝对孤独地带，那我们的绝对孤独地带是什么？然后让他的这个用户一起去分享他们的绝对孤独和绝对秘密，然后我们就把他们的这些秘密发射上太空。你就会发现为什么有这么多机构可以被联动起来，因为我们把受助群体背景故事化给了所有合作方场景，如果没有场景，他们是没有办法乐于参与的，没有场景他们就只会考虑我该不该捐钱，只会考虑我该不该为你传播，然后如果我为你传播，我到底能带来什么价值？但现在这款公益产品就可以回答他们，自媒体要内容，我给你内容，品牌方想要大的曝光，我有自媒体、明星、KOL 等，然后这些明星、KOL 等可以要到不一样的内容，能做出他们简单参与了公益的形象视频，因为可以把自己的名字发射到太空了，捐赠人也会觉得自己有获得感，是"受益人"。

3. 行动故事化：罕见病孩子错过了自己的画展，他们举起了奶茶杯，为他再办了一个。（如图 7-5）

这个故事其实是源自一名罕见病的孩子，因为已经病重了，他自己的梦想是要去画一个画展，但这个画展错过了就没有办法再去办这

图 7-5　行动故事化营销案例①

个画展，因为他在画展开始的前三天去世了。然后 Eris 团队不希望这样的悲剧再发生，就联合了柠季这个品牌，对这个茶饮料的杯身换封面，但是仅仅换封面是不够的，因为换封面也带不来多少传播，所以你一定要把它变成一个事件，这个事件就是有人的画展办不了，然后我们举起了我们的这个茶杯，我们来帮他办一个画展，即举杯办展的公益活动。因为把这样一个公益活动的行动故事化后，你会发现很多企业有了新场景都很乐于参与到这样的公益消费，然后根据我们的公益故事内容去做品牌传播了。

　　除了以上案例，公益产品的故事化营销还有很多方向，例如，愿景故事化、价值观故事化、情感故事化、知识故事化、观点故事化以及服务或操作过程故事化等。总的来说，公益产品的故事化营销还要充分考虑利益相关方的需求，我们要如何建构新的场景让各方都能"有利可图地满足需求"。所以，我们要反复换位思考，对于公益生产

---

①　引自：EASIN 国际义工旅行创始人凌裕涵于 2022 年 9 月 1 日的课件《公益传播中的借力打力》。

者，以营销为导向完善公益产品的设计，到底公益产品有多了不起，到底可以帮助多少人，有多好玩，为什么这一刻我非你不可，定价是否合适？对于公益消费者，公益消费者支持你后的公益感知从何而来，其参与感、获得感和成就感如何做的更好？对于营销渠道，例如明星、KOL，我为什么要帮你代言，你能带给我什么？例如自媒体，我为什么帮你传播，你能带给我什么？对于政府，我为什么帮你背书，你能带给我什么？对于企业品牌方，我为什么长期给你资金支持，你能带给我什么？以上都需要我们通过实践去找到自己的答案。

（二）如何设计和营销公益奢侈品

奢侈品的本质是什么？《奢侈品营销与管理》一书认为奢侈品一定是昂贵的、独特的、稀有的，可能还是惹眼的。奢侈品之所以独一无二是因为它往往代表着一个梦想，它使生活更加美好。奢侈品为拥有者带来了一种特殊的体验，同时也是感官享受的来源。充分享受奢侈品有时需要进行一定程度的专业学习。拥有奢侈品是区别于他人、改善或巩固社会地位的一种手段。简而言之，奢侈品是罕见的且具有享乐性，很难获取或者使用，能够在提供独特体验的同时，提升或巩固社会地位。它是一种情感的社会标志，能将人们进行区分。① 从奢侈品的本质属性看，在公益市场中其实也是可以对标设计出公益奢侈品进行营销满足更多高净值人群或财富家族的需求。图7-6就是我参考奢侈品模型的指标体系基础上构建的公益奢侈品模型框架。

---

① 丹尼尔·兰格，奥利弗·海尔，潘盛聪. 奢侈品营销与管理［M］. 潘盛聪，译. 北京：中国人民大学出版社，2016：49-101.

构建公益奢侈品模型框架

序号	奢侈品		公益奢侈品	
	前因变量	奢侈品附加价值	前因变量	奢侈品附加价值
1	独特的梦想	社交场合中的保护功能	实现伟大的公益愿景的稀缺机会	社交场合中的公益谈资
2	贵宾（VIP）待遇	名人相似性	大额捐赠人的VIC服务体系	名人出席或签名等
3	品牌形象和名声	社会地位的确认	世界级的名气	高质量的公益社交社群
4	专家专享	专业的象征	专业评估社会效益的能力	因为专业所以热爱
5	最高级别	增强自尊	相对较高的捐赠金额	自我实现
6	高度差异化	增强吸引力	独一无二的限量定制	更受尊重
7	光鲜的（适当的）	独一无二的象征	普遍认同其公益价值和艺术价值的纪念品	冠名权
8	销售点的私密性	提供独特的体验	设置了捐赠资格门槛	满足了个性化的隐性需求
9		引发嫉妒		树立榜样

图 7-6　构建公益奢侈品模型框架

　　例如，"推开那扇门"公益计划：资助敦煌研究院管辖下的莫高窟的472扇洞窟门更新。这个项目是我打算参与对标奢侈品模型框架设计的公益奢侈品，希望也能提前对各位读者有所启发，特别是针对历史文化遗产保护的公益项目募捐策划，但因为该项目还在执行中，未结项，后续有机会再展开进行深度分享。

后　记

　　撰写《公益经济学导论》的 16 个月，是我离开大学校门后，阅读量最大、写作文字最多和参与线上或线下课程学习最频繁的日子。我有幸在这 10 年的公益行业从业期间结识了很多良师益友，特别是能和徐永光老师、邓国胜老师、傅昌波老师、汤敏老师、房涛老师、朱睿老师、曾亚琳老师等公益前辈当面请教学习交流，获益匪浅。还有，这段时间参加了"鸿鹄计划"、深圳公益星火七期的"长江之源"、国际公益学院 EMP17 期等课程，我和各位同学更是亦师亦友一起成长，彼此交流也会学习到更多实务一线的真知灼见，例如，本书中成都麓湖社区发展基金会梁艳秘书长的案例分享。当然，一路走来还得到很多非公益圈的老师们指导的启发，例如，戴斌老师的政治、经济、科技素养课程让我洞察中国经济运行逻辑，Eris 老师的交互式公益营销让我觉察青年公益的新趋势，青年企业家郑仲深引领大学生创新创业的使命，让我见证到创二代新时代的责任和担当，全国青少年科技教育先行者林楚涛老师联合当地慈善组织进校园开展青少年人工智能教育的公益科普项目，让我感受到青年科技教育工作者对科教兴国的强烈使命感。喜马拉雅的吴晓波频道、晓书童频道的老师们推荐的好书激起我的好奇心和兴趣进行大量的跨界阅读学习。另外,这本书能得以出版,非常感谢李胜兰老师、谢萍老师的支持,感谢周如南老师的鼓励和支持,感谢刘玉洁老师的指导和付出。最后,我最要感谢的是国强公益基金会这个平台给予我实践和学习成长的机会。同时,我也要感谢我的爱人和家人对我的支持,在我撰写本书期间,他们帮我承担家务,给予我鼓舞,从而让我在无数个深夜中坚持完成了本书。未来,我相信我还会继续沿着这个方向努力前行,左手继续公益和商业融合的创新实践,右手继续完善公益经济学的理论体系,衷心希望未来更多志同道合的伙伴共同参与到公益经济学的理论研究和探索实践中来。

曾雄

2023 年 9 月 17 日